더는 나를 증명하지 않기로 했다

더는 나를 증명하지 않기로 했다

보여주기식 인생을
뛰어넘는 태도

장서우 지음

C
청림출판

한 그루의 나무가 모여 푸른 숲을 이루듯이
청림의 책들은 삶을 풍요롭게 합니다.

완벽하지 않아도 온전한 삶

"자신의 존재를 증명할 필요가 없어요."

상담 예능 프로그램에 출연한 전직 걸그룹 멤버에게 오은영 박사가 건넨 말이다. 그녀는 어릴 때 부모님께 인정받지 못하며 자란 탓에 자신이 가족에게 기쁨을 주는 존재라는 사실을 증명하는 데 매달렸다고 했다. 그 결과 연예인으로서는 크게 성공하여 원하는 바를 모두 이뤘지만, 알 수 없는 공허감에 시달렸다고 지난날을 고백했다.

우리 주변에서도 이런 사례를 많이 볼 수 있다. 화려한 겉모습과는 달리 내면은 공허하며, 다양한 이유로 자신의 존재를 증명하려 부단히 애쓰는 사람들. 이러한 모습에는 여러 요인들이 복합적으로 작용하겠지만, '지나친 비교 의식'과 '병적인 인정 욕구'가 원인일 수 있다. 인스타그램이나 유튜브 같은 SNS의 영향으로 사람들의 나르시시즘은 강해진 반면 자존감은 낮아지는 현상도 이와 궤를 같이한다.

물론 건강한 인정 욕구도 존재한다. 하지만 비대한 나르시시즘과 가짜 자존감을 지닌 나르시시스트처럼 자신의 가치를 타인에게 증명하고 확인받고자 스스로를 지나치게 몰아붙이는 모습은 결코 건강하다고 할 수 없을 것이다. 겉으로는 늘 당당한 척해도 자기 가치를 스스로 확신할 수 없는 사람들은 마치 마약에 중독된 것처럼 타인의 인정을 탐닉하는 '인정 중독'에 빠지기가 쉽다. 단지 남들에게 인정받기 위해 대학이나 직업 등 인생의 중요한 문제를 결정하고, SNS에 과시하기 위해 해외여행을 가거나 명품을 사는 경우만이 인정 중독은 아니다. 이보다 더 교묘한 형태의 인정 중독도 존재한다. 이를테면 돈 자랑은 하되 명품은 사지 않는 자신을 어필하면서 명품을 구입하는 사람들을 깎아내리는 경우다. 그들은 소비에 관한 확고한 철학이 있다기보다는 '돈은 많지만 검소한 소비를 하는 우월한 나'를 과시하며 인정받고 싶은 심리를 가지고 있다. 이처럼 인정 중독에 빠진 이들은 삶의 가치관마저도 타인의 인정을 받기 위해 구축한다.

건강한 자존감을 지닌 '진짜'들이 조용한 반면, 인정 중독의 수레는 대체로 요란하다.

사회적 인정과 체면이라는 감옥에 갇혀 스스로를 기만하는 한 결코 자유로울 수 없다. 설령 남들이 부러워할 만한 성취를 잠시 이룬들, 그 종착역은 공허의 늪이 될 것이다. 자존감의 원리를 최초로 명확하게 규명한 미국의 심리학자 너새니얼 브랜든Nathaniel Branden은 이렇게 이야기했다. 자신감 있는 이미지를 꾸며내 사람들을 속이고 인정받아 성공하더라도, 깊은 내면에서는 자신이 세상을 기만하고 있다는 역겨움과 함께 몸서리치는 공허를 마주할 것이라고.

다시 오은영 박사의 말로 돌아와서, 우리는 자신의 존재를 증명하지 않아도 된다. 체념하고 자기합리화하면서 '욜로'나 '소확행'만을 추구하자는 말은 아니다. 내가 하고 싶은 이야기는 더 본질적인 것이다. 인정 중독에 빠져, 혹은 악에 받쳐 보여주기식의 증명에 집착할 수밖에 없는 '가짜'가 아닌, 세상과 건강한 관계를 맺고 자신의 잠재성을 온전히 실현하며 충만한 삶을 살아가는 '진짜'가 되자는 것이다.

스스로 목줄을 걸고 남들의 손에 자기 삶을 내맡기는 꼴처럼, 타인에게 자신의 가치를 끝없이 증명하려는 사람은 한없이 공허해질 뿐이다. 그러나 증명에 대한 욕구를 초월하여 스스로 성장하는 데 오롯이 집중한 사람은 마침내 '참된 나'로 거듭난다. 역설적이게도 '진짜'는 자신을 증명하려 하지 않음으로써 진정한 증명을 한다. 결국 성공은 인정 중독과 자기기만으로부터 자유로운 '진짜의 삶'을 사는 것이다.

나는 진실에 관심이 많다. 여기서 진실은 절대불변의 진리나 궁극적인 해답을 뜻하는 게 아니다. 진실이란 지금까지 발견한 '최선의 대답'에 가깝다. 기원전 아리스토텔레스의 물리학을 고전물리학이 대체했고, 고전물리학의 한계를 양자역학이 극복했듯이, 이 세상을 설명하는 답은 불변하지 않고 언제나 그 개선의 가능성이 활짝 열려 있다. 진실에 진심인 만큼 나 자신의 한계와 무지까지 분명하게 직시하고 수용하여 그 너머를 바라볼 줄 아는 지혜로운 사람이 되고 싶다. 내가 틀릴 수도 있다는 사실을 늘 인식하며, 혹시라도 오류가 발견된다면 새로운 지식과 정보를 기쁜 마음으로 업데이트하고 개선해나갈 것이다.

작가는 정답을 가르친다기보다는 독자의 삶에 진심으로 보탬이 되고자 늘 호기심 어린 눈으로 세상을 바라보며 최선의 대답을 찾기 위해 탐구하는 사람이라고 생각한다. 우리 모두가 인생에서 정말 의미 있는 일이 무엇인지 스스로 사유하고, 내면의 잠재력을 끌어내어 완벽하지 않아도 온전한 삶을 살아갈 수 있기를 소망한다. 이런 마음을 글에 담아, 작가로서의 내가 나름의 답을 찾아가는 여정을 독자들과 함께 나누려고 한다. 서점에서는 한 권의 자기계발서로 분류될 이 책이 당신에게는 인생의 참된 목적을 실현할 수 있는 '자기실현서'가 될 수 있기를 바라며.

2023년 6월

장서우

Contents

Growth

1장. 어제보다 나은 내가 될 수 있을까?

2장. 바쁘게 지낸다고 잘 사는 건 아니다

Relationship

3장. 평생 함께할 사람을 알아볼 수 있다면

4장. 상처가 잦은 세상을 살아가는 단단한 마음

Self-realization

5장. 진짜 내 마음이 궁금할 때 들여다볼 것들

6장. 누구보다도 나에게 좋은 사람으로 살아가기

어제보다 나은
내가 될 수 있을까?

✦

사람이 정말
바뀔 수 있을까?

　　사람은 과연 변할 수 있을까? 태생적으로 우울하고 마음근력이 약한 사람들도 있을 텐데, 이들도 과연 우울에서 벗어나 건강한 내면을 찾을 수 있을까? 만일 가능하다면 어디까지 변할 수 있을까? 사람이 변할 수 있는가에 대해서는 전문가들 사이에서도 여전히 의견이 엇갈린다. 변화에 긍정적인 사람들이 있는가 하면, 부정적인 사람들도 있다. 이것은 기준을 어디에 두느냐에 따라 달라진다. 예컨대 토끼 같은 초식동물을 사자 같은 육식동물로 바꾸는 것은 현대 과학으로 불가능하다. 그러나 맹수의 본성을 타고난 사자를 어릴 때부터 사람 손으로 직접 키우면 다 자라서도 토끼 같은 순종적인 반려동물이 되기도 한다.

　　흔히들 '사람은 고쳐 쓰는 게 아니다'라고 말한다. 어떤 사람들은 이 말을 '인간은 절대 바뀌지 않는다'라고 해석하기도 한다. 아마도 바뀔 거라고 기대했던 사람에게 크게 실망했거나 본인 또한 살면서 긍정적으로 변한 경험이 없기에 이를 믿지 못하는 것이리라.

하지만 사람은 고쳐 쓰는 게 아니라는 말은 '내가 타인을 내 뜻대로 고칠 수 없다'라는 의미이지, 인간 자체가 절대 변하지 않는다는 뜻은 아니다. 내가 남은 못 바꾸더라도 적어도 나는 나를 변화시킬 수 있다. 쉬운 일은 아니지만 불가능한 것도 아니다. 극적이다 싶을 만큼 크게 변화하고 성장한 모습을 보여준 수많은 사람이 이를 증명하고 있으니까.

하버드대학교 의과대학 교수인 조지 베일런트 George Vaillant는 《행복의 조건》에서 인격은 기질과 성격의 총합인데, 기질은 유전적인 성향이 강해서 변화가 거의 없는 반면 성격은 변화한다고 설명한다. 쌍둥이가 태어나자마자 서로 다른 가정에 입양되어 살더라도 성인이 된 후에 여전히 비슷한 이유는 바로 타고난 기질 때문이다. 그러나 기질과 달리 성격은 환경의 영향을 많이 받아서 어떤 삶을 사느냐에 따라 충분히 달라질 수 있다.

유전자가 모든 걸 결정한다고 믿는 사람도 많다. 물론 유전자는 건강을 비롯한 많은 것을 결정할 만큼 매우 중요하며 고정되어 있다. 하지만 유전자는 또한 적응력을 높임으로써 성장과 변화를 촉진하도록 설계되어 있다. 즉 외향성·내향성 같은 기질은 잘 바뀌지 않더라도 사회성은 함양할 수 있으며, 지능은 잘 변하지 않더라도 사고력과 지혜는 후천적인 노력에 따라 달라진다. 인간은 성숙하는 존재다.

삶에서 유의미한 변화를 아직 경험해보지 못했다면 '내가 변할 수 있을까?' 하는 의구심이 드는 게 당연하다. 과거의 나도 그랬다. 변화는 내게 양가적인 감정을 일으키곤 했다. 현재보다 더 나아지길 원하면서도, 한편으로는 내가 통제할 수 없는 소용돌이에 휘말릴지도 모른다는 두려움도 있었다. 인간은 의지와 노력에 따라 긍정적으로 변할 수 있다는 낙관적인 믿음이 있었지만, 그러한 믿음 뒤편에는 '역시 사람은 쉽게 변하지 않나봐'라는 체념의 그림자가 깔려 있었다. 성질이 다른 다양한 감정들이 내면에 공존하면서 변하고 싶은 간절한 마음과 변하지 않은 채 안정감을 누리고 싶은 마음이 늘 부딪혔다.

오스트리아의 정신의학자 알프레드 아들러는 인간은 변할 수 있는 존재지만, 그럼에도 끊임없이 '변하지 않겠다'라는 결심을 한다고 말했다. 겉으로는 "나도 진심으로 변하고 싶어!"라고 말할지 몰라도, 실제로는 현재 자신의 생활양식에 이미 익숙해져서 이대로 변하지 않고 계속 살기로 선택한다는 것이다. 아들러의 개인심리학에서 '생활양식life style'은 성격과 유사한 개념인데, 그는 인간이 삶에서 의미 있는 목표를 달성하기 위해 자신만의 생활양식을 발달시킨다고 보았다. 아들러는 인간이 변함으로써 생기는 '불안'이 아닌, 변하지 않아서 따르는 '불만'을 기꺼이 선택한다고 주장했다. 대부분의 평범한 사람들은 새로운 생활양식으로 인한 미래의 불안 대신 조금 불편하고 부자유스럽더라도 현재의 불만을 유지한다는 것이다.

아들러의 표현대로 인간이 변화하지 않겠다는 결심을 끊임없이 반복하는 존재라면, 결국 삶의 진정한 변화는 스스로 변화를 선택하겠다는 용기와 직결된다. 나는 용기를 내어 낡은 생활양식을 버리기로 과감히 결심했다. 사람이 변화할 수 있다는 사실을 믿고 바로 지금, 여기에서 내적으로 성장하는 삶을 살아갈 것이다.

코끼리를 훈련할 때, 처음에는 아기 코끼리를 절대 끊을 수 없는 쇠사슬로 묶어서 벗어날 수 없다는 사실을 스스로 깨닫게 만든다고 한다. 코끼리는 성장하면서 힘이 세지지만, 자신이 탈출할 수 없다는 사실을 이미 받아들인 상태다. 그래서 나중에는 가느다란 끈으로 묶어놔도 코끼리가 탈출할 생각조차 하지 않는다고 한다.

사람도 마찬가지다. 자신의 한계를 섣불리 단정 지은 채 '나는 변할 수 없을 거야'라는 자기 불신에 사로잡히는 것은 가느다란 끈에 묶인 채로 탈출을 꿈꾸지 못하는 코끼리와 다르지 않다. 진정으로 변화하고 싶다면, 우선 스스로 변할 수 있다는 '믿음'과 변화를 선택하겠다는 '용기'를 함께 가져야 한다. 그렇게 자신의 가능성을 믿되, 바꿀 수 없는 점들은 겸허하게 인정하고 받아들이면 된다.

요컨대 사람은 변화할 수 있다. 그 폭과 깊이는 저마다 다르지만, 어떤 부분들은 확실히 변할 수 있다. 타고난 기질을 불평하기보다는 애정 어린 시선으로 바라보고, 후천적인 노력으로 바꿀 수 있는 부분에 집중하면서 삶을 개선해나가는 것이 현명하다. 미국의 사상가 라인홀드 니버Reinhold Niebuhr 의 〈평온을 비는 기도〉에 나온 문장처럼, 우리에겐 바꿀 수 없는 것을 받아들이는 평온함과 바꿀 수 있는 것을 바꾸는 용기, 그리고 이 둘의 차이를 알 수 있는 지혜가 필요하다.

✦

가까운 사람일수록
나의 도전을 반대하는 이유

당시에는 익숙해서 잘 몰랐지만, 지금 생각해보면 내 인생의 큰 선물이었구나 싶은 게 하나 있다. 그건 바로 내가 어떤 결정을 하든 내 선택을 믿고 지지해주신 부모님이다. 20대 때 처음 음악을 하겠다고 말씀드렸을 때도 그랬고, 30대 때 작가가 되겠다고 했을 때도 부모님은 나의 도전을 묵묵히 응원해주셨다.

시간이 지나고 보니 내 경우가 일반적이지 않다는 사실을 알게 되었다. 회사를 그만두겠다고만 말해도 주변의 심한 반대에 부딪히는 사람들을 주변에서 적잖이 목격했다. 인생의 항로를 변경해 새롭게 뭔가를 시도한다고 했을 때, 가족이나 가까운 지인들이 극구 만류하는 탓에 마음이 힘들었다고 하소연하는 사람이 의외로 많았다. 단지 주변 사람들이 당사자를 사랑하고 아끼기 때문이라고 말하기에는 뭔가 석연치 않았다. 정말 사랑하는 사람이라면 선택을 믿고 응원해줘야 하지 않을까? 새로운 일을 시도하려고 할 때 가까운 사람들이 반대하는 진짜 이유는 무엇일까?

인간의 뇌는 성공적인 생존과 번식을 위해 외부 세상을 끊임없이 예측하려는 성질이 있어서 대체로 변화를 두려워하고 안정을 원한다. 예측 가능한 상황은 마음에 안정을 주는 반면, 예측 불가능한 낯선 상황은 불안을 일으키기 때문이다. 이런 심리는 인간관계에도 적용된다. 모든 사람은 누군가와의 관계가 계속해서 안정적이길 바라지, 예측하기 어렵게 변화하는 걸 원하지 않는다. 그래서 나와 친밀한 사람이 어떤 식으로든 달라지면, 설령 그것이 긍정적인 방향이라 하더라도 마음속에는 불편한 감정이 싹트는 것이다. 상대가 변화한다는 것은 어떤 변수가 생긴다는 의미니까.

인간은 본능적으로 외부에 존재하는 것들을 분류하고자 하는 성향이 있는데, 인간관계를 맺을 때도 상대방의 이미지를 무의식적으로 판단하고 분류한다. 그런데 만일 상대가 내가 설정해둔 카테고리를 깨버리면 어떻게 될까? 변화의 정도가 미약하다면 호기심을 불러일으키는 반전 매력이 되겠지만 거의 환골탈태 수준으로 크게 달라진다면 이를 내

세계를 향한 위협으로 받아들이게 된다. 물론 상대가 나에게 피해를 주거나 나를 해칠 의도가 전혀 없었더라도 말이다. 단지 자신의 삶의 경로를 바꿈으로써 의도치 않게 내가 설정해둔 기준을 깼을 뿐인데, 이런 결과는 유감스럽게도 타인을 판단하는 내 직관이 상당히 부정확하다는 신호가 되고 만다. 이 때문에 상대와 안정적인 상호작용을 하던 내 삶에는 어떤 식으로든 균열이 생겨난다. 그래서 연인이나 배우자, 자녀, 친한 친구가 뭔가에 새롭게 도전할 때 우리의 깊은 내면에서는 왠지 모를 불편한 감정이 생기는 것이다.

이러한 불편한 감정의 또 다른 원인은 두려움이다. 상대방의 적극적이고 대담한 변화는 아무것도 하지 않는 나를 적나라하게 비추는 거울이 되어 마주하기 두려운 마음을 보여준다. 단순한 질투나 시기심을 운운하기 이전에, 내가 이 세상에서 쓸모없는 존재가 되어 결국에는 도태될 수도 있다는 두려움을 무의식적으로 느끼게 되는 것이다.

이처럼 인간 내면에 감춰진 미묘한 심리로 인해, 내가 새로운 일에 도전하고자 할 때 가족 혹은 그만큼 가까운 사람들은 기쁜 마음으로 나를 응원하기보다는 말리게 되는 것이다. 특히 내가 도전하려는 분야를 직접 경험해본 적이 없다면 더더욱 그렇다.

그러니 나의 새로운 도전과 변화하려는 의지에 불편해하는 주변 반응에 휘둘리지 않아도 된다. 영국의 정신분석가 스티븐 그로스Stephen Grosz는 우리가 변화에 직면했을 때 망설이는 이유는 '변화가 곧 상실'이라는 믿음 때문이지만 어느 정도 상실을 받아들이지 않는다면 결국 모든 것을 잃을 수 있다고 조언한다. 나의 인생에 대해 나만큼 진지하게 고민하는 타인은 이 세상에 존재하지 않는다. 세상에서 나를 가장 염려하는 사람 역시 나 자신이다. 모든 인간에게 가장 중요한 숙제는 각자의 삶을 살아가는 것이고, 우리는 자신의 인생에 집중하는 것만으로도 충분히 숨 가쁘니까.

인생의 모든 선택과 책임은 언제나 내 몫이라는 사실을 잊지 말아야 한다. 나의 변화를 불편해하는 주변의 시선에 신경 쓰지 말고, 삶을 긍정적으로 변화시키는 데 주저하지 말자. 외부 소음을 차단하기로 마음먹었다면, 타인이 나를 어떻게 판단하든 내 삶에 아무런 영향을 미치지 않는다는 사실을 깨달아야 한다. 중요한 것은 내가 나를 어떻게 생각하느냐다.

나를 오랫동안 알고 지내던 사람들은 내 진정성을 의심하며, 원래의 모습으로 돌아오길 바랄지도 모른다. 그건 나를 걱정하는 마음 때문일 수도 있지만, 어쩌면 양동이에서 탈출하려는 용기 있는 한 마리의 게를 기어이 붙잡아서 다시 밑으로 끌어내리고 싶어 하는 '게 같은 마음(크랩 멘탈리티crab mentality. 다른 사람이 잘되는 것을 시기하는 이기적인 마음을 비유적으로 이르는 심리학 용어)'일 수도 있다.

그러니까 부디 주변의 시선과 반응 때문에 괜히 자신감을 잃고 도전을 중도에 포기하지 않았으면 좋겠다. 시간은 다소 걸릴지라도 마침내 내가 정상 궤도에 안착하면, 그동안 진정성을 의심하던 사람들도 나의 새로워진 모습을 인정할 것이다. 그때는 오히려 그들이 먼저 나를 자랑스러워하리라. 그러니 지금 변화하기로 결심했다면, 조언과 소음을 분별해서 건강한 조언은 마음에 새겨두되 불필요한 외부 소음은 철저히 차단하자. 내가 나를 진심으로 긍정하며 성장에 오롯이 집중해야 한다.

변화를 추구한다는 것은
살아 있다는 증거다

언젠가 우연히 유튜브에서 1990년대 서울 사람들의 인터뷰 영상을 본 적이 있다. 그 당시 꽃다운 20대 시절을 보냈던 소위 X세대, 현재는 어딘가에서 50대 중년으로 살아갈 그들의 말투는 '서울 사투리'라 불릴 만큼 지금과는 상당히 달랐다. 어딘가 새침한 듯 구수하고 미묘한 느낌이랄까. 잘 변하지 않을 것만 같은 사람들의 말투도 불과 20~30여 년 만에 많이 달라져 있었다. 그렇다면 오늘날 우리의 대화도 영상으로 촬영하고 20~30년 뒤에 본다면 꽤 생소하게 느껴질지도 모르겠다. 비단 말투뿐이겠는가. 특정 시대에 유행하는 인생관과 시대정신 등 인간 세상을 이루는 모든 것은 끊임없이 변화한다. 어제 오늘 사이는 변화가 너무나 미미해서 체감하기 쉽지 않지만, 하루가 쌓이고 쌓여 5년, 10년, 20년이 되면 그 변화는 확연히 느껴진다.

지금으로부터 20만 년 전에 현생 인류인 호모 사피엔스가 출현했다. 현재까지 알려진 인류 최초의 문명은 기원전 5500년에서 기원전 4000년경의 수메르 문명이다. 고작 1만 년도 채 되지 않는 문명을 유지해온 우리 인간은 마치 수십 억 년이나 살아낸 존재처럼 '절대 불변의 진리'라는 표현을 쉽게 남용한다. 그러나 수학적 진리나 물리학 법칙이라면 모를까, 인간들이 생존을 도모하기 위해 편의상 만들어낸 어떤 생각이 지난 2000년 동안 옳았다고 해서, 앞으로 2만 년 뒤, 혹은 2억 년 뒤의 미래 인류에게도 반드시 옳을 것이라고 확신할 수 있을까? 인간의 생각이나 믿음, 가치관이 우주 시공간을 초월한 절대적인 개념이라는 보장은 어디에도 없다. 인류가 만들어낸 모든 가치관은 시대와 상황의 영향을 크게 받으며 끊임없이 변화해왔고, 지금도 변화하고 있는 중이다.

변화 외에 불변하는 것은 없다

우리는 흔히 인간의 본성이 변하지 않는다고 쉽게 말하지만, 과연 그게 진실일까? 침팬지와 인간이 같은 조상으로부터 분리된 시점은 고작 500만~700만 년 전이다. 만약 1억 년 후에도 인류가 살아 있다면, 그때도 인간 본성이 지금과 같다고 확신할 수 있는가? 사람들은 지난 4만~5만 년 동안 인류에게는 생물학적 변화가 없었을 거라고 믿는 듯하지만, 인간 게놈 프로젝트Human Genome Project의 연구 결과에 따르면 놀랍게도 오히려 그 반대다. 인간 유전자의 진화 속도는 약 4만 년 전부터 점점 가속도가 붙었고, 현세를 거치면서 그 변화 속도는 정점에 이르렀다. 예컨대 어른이 되어서도 우유 속 유당을 소화할 수 있는 돌연변이 유전자가 인류에게 등장한 것은 대략 7500년 전의 일이다. 해발 4000미터의 고산지대에서 사는 티베트인이 고산병에 걸리지 않게끔 진화한 것은 지금으로부터 3000년 전이었다.

스탠퍼드대학교 생물학과 교수인 폴 에얼릭Paul R. Ehrlich은 저서《인간의 본성들》에서 변하지 않는 단 하나의 인간 본성이란 없다고 말한다. 그의 말에 따르면, 유전적 진화와 문화적 진화의 상호작용으로 당대의 '본성들'이 만들어진다는 것이다. 인간의 본성이 마치 수백만 년 동안 고정되어 있는 것 같지만 아니라는 이야기다. 인간의 유전자는 문화와 마치 서로 손을 잡고 춤을 추듯이 공진화coevolution하고 있다.

인간 유전자는 세월이 흐르면서 끊임없이 진화하고 있으며, 이는 우리의 직관과는 달리 인간 본성이 수천 년이라는 비교적 짧은 시간 동안에도 얼마든지 변화할 수 있음을 시사한다.

인간은 태어나서 죽을 때까지 100년이 채 안 되는 짧은 시간 동안 오직 '지구인으로서의 삶'만을 경험하기에 완전히 다른 가능성이 존재할 수도 있음을 쉽게 상상하지 못한다. 그런데 SF 영화처럼 다중우주multiverse가 실제로 존재한다고 가정해보자. 다중우주란, 현재 우리가 살고 있는 우주와는 전혀 다른 자연법칙과 특성을 가진 우주들이 무한하게 존재할 수도 있다는 물리학 개념이다.

철학자 플라톤은 절대 변하지 않는 사물의 원래 형태를 '이데아idea'라고 불렀다. 하지만 다른 다중우주에서는 삶이 지긋지긋할 정도로 영생하는 또 한 명의 플라톤이 빠르게 생성·변화·소멸하는 존재야말로 가장 이상적이고 참된 '이데아'라고 추켜세웠을지도 모른다. 인간은 자기가 갖지 못하는 대상에 더 애착을 느끼고 숭고한 가치를 부여하며 이상화하는 존재이기 때문이다. 많은 사람이 변하지 않는 것에 가치를 부여하는 이유는 인간이 우주의 시간으로 보면

점과도 같은 찰나의 삶을 살다가 소멸하는 유약한 존재이기 때문이다. 만약 인간이 수천만 년에서 수억 년까지 생존할 수 있는 신적인 존재였다면, 변하지 않는 것을 이토록 찬양하지 않을지도 모른다. 그땐 오히려 빠르게 변화하고 소멸하는 것을 더욱 우러러보며 숭고하게 여길 수도 있다.

인류가 광활한 우주에서 '변하지 않는 무엇'을 찾으려는 것은 변하지 않는 것이 절대적으로 아름답다거나 옳아서가 아니다. 진화론의 관점에서 변하지 않는 패턴이나 규칙을 찾는 작업이 생존에 유리했기 때문에 그 방향으로 진화한 것뿐이다. 변화에 불안감과 두려움을 느끼고, 변하지 않은 채 한 자리에 계속 머물면서 안정감을 느끼고 싶은 욕망은 생존 욕구와 맞닿아 있다.

문명을 이루고 살기 시작한 지 고작 수천 년밖에 되지 않는 인간의 관점에서는 변하지 않는 것이 존재할지도 모른다는 착각에 빠질 수도 있다. 그러나 우주는 지금 이 순간에도 끊임없이 팽창하는 중이고, 생명과 지구, 태양은 언젠가 전부 소멸한다. 태초에 무無에서 갑작스러운 변화가 있었고, 지금도 폭발적으로 넓어지고 있는 우주의 본질적인 속성은 바로 변화가 아닐까.

하이젠베르크의 '불확정성 원리 uncertainty principle'에 따르면 어떤 입자의 정확한 위치와 정확한 운동량을 동시에 측정하는 것은 물리적으로 불가능하다. 이것은 단순히 측정의 한계 때문에 발생하는 일이 아니라, 가장 기본적인 차원에서 물질은 정확하게 '어떤 것'으로 정의할 수 없다는 뜻이다. 양자역학의 관점에서 물질은 입자이면서 동시에 파동이기에 하나의 점이 아니라 넓은 영역에 걸쳐진 확률로써 존재한다. 물질은 이처럼 변화할 수 있는 가능성의 장으로 존재하는 것이다. 이는 불교에는 말하는 '무아無我'라는 개념과 상통하는 듯하다. '나'라는 실체는 따로 없으며, 시간의 흐름에서 계속 변화하고 있고 끝내는 소멸하므로, 항상 똑같은 정체성을 갖고 있는 '고정불변의 나'는 없다는 것이다. 한편, 붓다와 비슷한 시대에 살았던 고대 그리스의 사상가 헤라클레이토스도 이런 말을 남겼다. "변화 외에 불변하는 것은 없다."

변화를 인정하면 평정심이 따라온다

대다수 사람은 변화를 썩 반기지 않는다. 변화보다 안정을 원한다. 이들은 변화를 발전이나 성장과 같은 긍정적 의미가 아니라 '줏대 없음', '우유부단'과 같은 부정적인 의미로만 생각한다. 혹여 자신이 남들에게 신뢰받지 못할까 두려워서 어떻게든 변화하지 않으려고 전전긍긍한다. 그렇지만 변화를 거부하고 저항할수록 삶은 짓궂게도 더 불안하고 위태롭게 다가올 가능성이 크다.

이를 해결하려면 '살아 있음'의 본질이 '변화'라는 사실을 명확히 인식해야 한다. 여기에는 확실한 이점이 있다. 언제든지 바뀔 수 있다는 것을 알고 있으면, 예측하지 못한 변화에 당황하지 않고 평정심을 유지할 수 있다. 삶의 불확실성 앞에 무력하게 무릎 꿇는 것이 아니라, 자신의 의지로 주체적인 변화를 실현하며 성장하는 삶을 살아갈 수 있다. 늘 그래왔듯 결국에는 괜찮아질 거라는 믿음이 내면 깊숙이 뿌리 내린 덕분에 통제 가능한 현재에 집중할 수 있어서다. 독일의 작곡가 바그너가 말했듯 방황과 변화를 사랑한다는 것은 살아 있다는 증거다.

더 나아가서 강인한 사람은 어떤 사람일까? 남들에게 자신의 유약함과 우유부단함을 들키고 싶지 않아서 변화를 거부하며 발버둥 치는 것은 단단함과는 거리가 멀다. 변화의 문턱에서 자신의 감정에 휩쓸리기보다 스스로 유연하게 달라지는 사람, 즉 자기 내부에서부터 변화를 창조해내는 사람이야말로 강인하다고 말할 수 있다. 공자는 "늘 행복하고 지혜로운 사람이 되려면 자주 변화해야 한다"라고 말했다. 시간이 갈수록 변화 속도가 빨라지는 현대사회에서 행복한 삶을 누리기 위해서는, 중심을 확실하게 잡고 주체적으로 변화할 수 있어야 한다. 우리가 인생이라는 항해에서 부드럽게 성장하는 사람이 되기를. 즐거운 기분으로 변화의 신선한 바람을 쐬며 앞으로 함께 나아가기를.

✦

인정받고 싶은 욕심을 넘어
온전한 성장으로

우리는 다양한 욕구를 가지고 살아간다. 안전한 울타리에서 다른 사람들과 좋은 관계를 맺고 사랑과 우정을 나누면서 행복하게 살고 싶은 욕구부터 자신의 잠재력을 온전히 실현하고 싶은 자아실현의 욕구까지. 이처럼 인간의 욕구를 설명할 때 빠질 수 없는 이론이 하나 있다. 미국의 심리학자 매슬로의 욕구위계설Maslow's hierarchy of needs이다. 우리에게는 5단계로 더 잘 알려졌지만, 사실 매슬로는 죽기 1년 전 기존 이론에 1단계를 추가해 총 6단계의 욕구위계설을 만들었다. 5단계 '자아실현 욕구' 위에 최종 6단계인 '자아초월 욕구'가 존재한다는 것이다. '자아실현'이 자신의 잠재력을 극대화하고 싶은 욕구라면, '자아초월'은 진정으로 타인을 도우며 외부와 연결되고자 하는 욕구다. 욕구란 대개 이기적인 속성을 갖기 마련인데, 6단계에 다다르면 예수나 붓다처럼 온전히 이타적인 삶을 살게 된다고 한다.

욕구위계설에서 최상위층에 위치한 자아실현 욕구와 자아초월 욕구는 한데 묶어서 '성장 욕구'라고 하고, 그 밑의 나머지 욕구들은 '결핍 욕구'라고 한다. 즉 생리적 욕구와 안전의 욕구, 소속과 애정의 욕구, 그리고 인정 욕구까지는 결핍이 동기가 되어 움직이는 결핍 욕구인 셈이다.

식욕이나 수면욕, 성욕과 같은 생리적 욕구처럼 인정 욕구 역시 인간의 본성이므로 그 자체로써는 문제 될 게 없다. 그런데 욕구가 지나치다면 그땐 얘기가 달라진다. 사람에게 수면욕이 있는 것은 정상이지만, 성인이 매일 18시간씩 잠을 잔다면 수면장애를 겪는다고 봐야 한다. 마찬가지로 식욕은 누구나 가지고 있지만, 체중이 200, 300킬로그램이 넘을 때까지 끊임없이 먹고 싶은 충동을 느낀다면, 분명 정상이 아니다.

인정 욕구도 마찬가지다. 건강한 수준의 인정 욕구는 인생에서 다양한 성취를 이루며 발전하는 데 좋은 연료가 되어준다. 그러나 아무리 좋은 것도 지나치면 결국 탈이 날 수밖에 없다. 데일 카네기가 말했듯 외부로부터 갈채만 구하는 사람은 자신의 모든 행복을 타인에게 맡기는 꼴이다. 인정에만 목매는 사람은 자기 삶의 경영권을 <u>스스로</u> 타인에게 양도한 것과 같다. 시시각각 변하는 남들의 반응에 신경 쓰면서 일희일비하느라 행복과는 점점 거리가 멀어지는 것이다. 그러니 인정 욕구가 스스로를 해칠 정도로 과한 것 같다면, 내면에 쌓인 결핍을 알아차려야 한다. 자각할 수만 있다면 개선의 가능성은 충분히 남아 있다.

인정받지 않더라도 스스로 만족하는 사람

공자가 쓴 《논어》 〈학이편〉 1장에는 다음과 같은 문장이 등장한다.

배우고 때때로 익히면 기쁘지 않겠는가? 진정한 친구가 멀리서 나를 찾아오고 있다면 즐겁지 않겠는가? 세상 사람들이 나를 알아주지 않아도 서운해하지 않는다면 군자가 아니겠는가?

공자는 세상 사람들이 나를 알아주지 않아도 서운해하지 않는다면 군자가 아니겠느냐고 말했다. 우리 모두 성인군자가 될 필요까진 없지만, 타인의 인정에 지나치게 목을 매는 태도는 성숙하지도 않고 바람직하지도 않다. 타인의 인정에 병적으로 집착하는 인정 중독에 걸려 자기 파괴적인 삶을 사는 현대인이라면 '남들이 나를 인정해주지 않더라도 서운해하지 않는 마음가짐'으로 균형을 잡을 필요가 있다.

타인에게 자신을 증명하기 위해 아득바득 사느라 정작 인생에서 소중한 것들을 놓치는 안타까운 사람이 많다. 타인과 세상에 공헌하되, 인정을 바랄 필요조차 없이 스스로 성장하며 만족스러운 삶을 살았으면 한다. 스페인의 대표 철학자 발타자르 그라시안도 "지혜로운 사람은 스스로 행복하고 만족스럽게 살아가는데, 이들은 자신에게 필요한 모든 것을 이미 가지고 있어서 더 많은 것을 바라지 않기 때문이다"라는 말을 남겼다. 타인에게 인정받는 건 기분 좋은 일이지만, 내가 진정으로 나의 가치를 믿는다면 남들의 인정을 그렇게까지 갈구할 이유는 없다.

세상에 나와 똑같은 존재는 어디에도 없다. 우리 모두는 저마다의 방식으로 특별한 존재다. 타인의 인정 여부와 관계없이, 존재만으로 우리는 이미 고귀한 사람이다. 이러한 사실을 알고 있음에도 지금 인정 욕구가 넘쳐나 채워지지 않는다면, 먼저 타인의 인정을 충분히 받을 수 있는 실력부터 갖추는 게 좋다. 그러나 식욕이 강한 사람이 오늘 아무리 많이 먹어도 내일 또 허기를 느끼듯이 인정 욕구도 비슷하다는 사실을 명심해야 한다.

타인의 인정에만 너무 의존하는 삶은 위태롭다. 어느 정도 원하는 삶의 궤도에 안착한 후에는 내면의 성장에 의식적으로 더 초점을 맞춰야 하는 이유가 여기에 있다. 언제까지나 남들의 인정만을 갈구하기보다는 내가 나의 다정한 부모가 되어 진실한 사랑과 존중, 따스한 공감과 위로를 아낌없이 줄 수 있어야 한다. 이런 태도는 인생을 주체적으로 살아가는 사람만이 누릴 수 있는 마땅한 권리이자 의무다.

똑똑한 뇌를 넘어
건강한 뇌가 필요하다

과거에는 아이큐가 높거나 창의력이 뛰어나서 기발한 아이디어를 쏟아내는 사람, 혹은 어려운 수학 문제를 척척 풀고 암기를 빠르게 잘하는 사람이 머리가 좋다고 생각했다. 그런데 이제는 '좋은 머리'에 대한 사람들의 생각이 달라졌다. '머리가 좋다'라는 의미는 단순히 지능이 높은 걸 넘어 인생에 불시로 등장하는 여러 문제를 잘 해결하면서 행복하게 살아갈 능력이 있는 것이다. 이렇게 살려면 높은 회복탄력성을 갖추고 안정된 정서를 바탕으로 인간이 자주 범하는 심리적 오류와 한계를 자각하고 극복할 수 있어야 한다.

삶에서 마주하는 문제들은 범위가 넓어서 사람마다 취약한 부분이나 강한 부분이 다르다. 모든 영역에서 고루 뛰어난 사람은 그리 많지 않다. 지능이 굉장히 높아서 고난도의 물리학 문제는 잘 풀면서도, 마음을 다스리고 인간관계의 갈등을 해결하는 능력은 부족해서 힘들어하는 사람도 있다. 역사적으로 천재라 불렸던 인물 가운데 탁월한 능력과 대비되는 미숙한 인격과 정서로 인해 불행한 삶을 살았던 경우가 드물지 않았던 것처럼 말이다.

그래서 나는 지능이 높은 사람과 뇌가 건강한 사람을 구분하며, 후자에 더 높은 가치를 둔다. 뇌가 건강한 사람은 지혜롭고 현명할 뿐만 아니라 정서적인 측면에서도 균형이 잘 잡혀 있다. 과거의 나를 되돌아보면, 뇌가 건강한 사람은 분명히 아니었다. 나는 한때 정신과에서 극심한 우울장애와 사회 불안 장애를 진단받아 약물 치료 및 인지행동 치료를 받아야 했을 정도로 정서가 건강하지 못했다. 다행히 지금은 어느 정도 극복했고, 이런 과거 덕분에 건강한 뇌에 관심을 갖게 되었다.

뇌가 건강해지는 법이 따로 있다?

심리학자들은 행복한 인생의 중요한 요소인 긍정적인 정서와 인격, 지혜는 노력으로 충분히 개선될 수 있다고 말한다. 후천적으로 '뇌가 건강한 사람'이 될 수 있다는 뜻이다. 그럼 구체적으로 어떻게 해야 뇌가 건강한 사람이 될 수 있을까? 이에 관한 몇 가지 방법을 소개한다.

1. 운동

두뇌 건강의 초석은 공부나 생각, 창의성 훈련 같은 게 아니라 '운동'이다. 운동이 두뇌 건강 관리 및 지적 능력 향상에 도움이 된다는 것은 이미 뇌과학으로 입증된 사실이다. 인간의 뇌는 고차원적 사고를 위해 진화한 게 아니다. 진화에는 목적이 없으므로 '무엇'을 위해 뇌가 진화했다고 말할 수는 없다. 다만 뇌과학자들은 뇌의 가장 중요한 임무가 '복잡한 신체를 제어하는 것'이라고 말한다. 그래서 뇌 건강 관리의 시작이 바로 운동인 것이다. 매일 끼니를 잘 챙겨 먹듯 하루 30~40분 정도의 운동을 꾸준히 하는 게 좋다.

2. 독서와 글쓰기

직접 세상과 부딪히면서 경험을 쌓는 일도 중요하지만, 우리 몸은 하나이기에 모든 걸 다 해볼 순 없다. 따라서 간접 경험으로 경험치를 높여야 하는데 이를 독서로 대신할 수 있다. 요즘은 유튜브나 다른 매체에서도 많은 정보를 얻을 수 있지만, 오직 독서를 통해서만 얻어지는 경험들이 있다. 유튜브에서 10분짜리 책 소개 영상을 보는 것과 내가 그 책을 실제로 읽는 것은 근본적으로 다르다. 단 한 권의 책을 읽더라도 직접 글을 읽으면서 사유하고 각성하는 나만의 소화 과정을 거쳐야만 온전한 내 지식이 될 수 있다. 타인의 주관이 담긴 책 요약본은 그 사람의 것이지 내 것이 아니다. 지적 성취는 나만의 방식으로 소화하는 과정에서 얻어지는 것임을 반드시 명심하자.

책을 읽었으면 반드시 글을 써보자. 독서와 글쓰기는 한 세트다. 꾸준하게 글을 쓰면 우리 자신에 대해 명료하게 알 수 있고 사고 능력을 비약적으로 키울 수 있다. 토론토대학교 심리학과 교수인 조던 피터슨Jordan Bernt Peterson도 작문으로 생각하는 법을 배운다면 쉽게 흔들리지 않는 확신을 얻어 정신적·육체적으로 더욱 건강해진다고 말했다.

3. 간헐적 단식

세계 두뇌건강위원회 특별 고문인 제임스 굿윈James Goodwin의 저서 《건강의 뇌과학》에 따르면, 우리가 섭취하는 칼로리를 제한하면 두뇌의 시냅스 가소성이 높아져 두뇌 세포 성장을 촉진하는 신경 영양적 요인을 강화한다. 결국 뇌를 건강하게 유지하고 싶다면 소식과 간헐적 단식을 하라는 얘기다. 하루에 한 번은 배고픔을 느낄 정도로 적게 먹고, 나머지 식사는 배가 80퍼센트 정도 불렀을 때 식탁을 떠나라. 아울러 다양한 방식의 간헐적 단식법 가운데 자신에게 맞는 방식을 택해 주기적으로 실천하는 것이 두뇌 건강에 좋다.

4. 다양한 인지적 자극

매일 똑같은 환경에 머무르기보다는 주기적으로 새로운 자극에 자신을 노출시키고 뭔가에 집중하고 몰입하는 활동이 두뇌 건강에 좋다. 외국어 학습이나 댄스, 체스, 퍼즐, 저글링, 요가, 카드 게임, 여행 등이 적당한 예다. 영화나 음악, 공연 등 예술 작품을 감상하는 것도 도움이 되는데, 더 좋은 건 감상자를 넘어서 스스로 창작자가 되어보는 것이다. 취미로 악기 연주를 해본다든지, 그림을 그린다든지, 사진이나 영상을 촬영하고 편집해보는 것도 두뇌 건강에 도움이 되는 활동이다.

5. 고독과 관계의 균형

사회적인 활동 또한 인간의 두뇌 능력에 큰 영향을

미친다. 한 연구에 따르면, 사회적으로 고립되거나 외로움을 느끼는 사람들은 그렇지 않은 사람보다 사망 위험이 30퍼센트 더 높으며, 다양한 질환을 겪을 가능성이 높았다. 과학자들은 외로움이 치매의 강력한 위험 요소이며 외로움을 겪는 사람은 뇌세포와 뇌조직의 크기를 줄여 두뇌 구조까지도 변형시킬 수 있다고 말한다. 따라서 뇌 건강을 위해서는 질 높은 사회적 상호작용이 필수다. 사회적 동물인 사람이 '뇌가 건강한 상태'로 살아가기 위해서는 평생 다양한 사회적 활동에 참여하며 탄탄한 네트워크를 구축해야 한다.

그렇다고 한순간도 혼자 있지 말라는 얘기는 아니다. 뇌가 건강한 사람이라면 사회적 관계를 맺는 것 못지않게 혼자서도 잘 지낼 수 있어야 한다. 사회적 고립에서 비롯된 외로움이 아닌 '자발적 고독'은 창조성을 키우는 데 유익하다. 성찰과 사색에서 비롯되는 진정한 창조는 혼자 있을 때 가능하기 때문이다. 핵심은 균형이다. 뇌가 건강한 사람은 충분히 독립적이되 다른 사람들과 협력할 수 있고, 자신을 위해 주체적으로 살아가면서 동시에 타인에게도 공헌한다. 고독과 관계의 시소도 마찬가지다. 만약 균형을 잃은 채 '고독' 쪽으로 너무 치우치면 사회적 고립과 외로움을 겪을 수 있고, 반대로 '관계'에 너무 집착하면 타인에게 과도하게 의존하거나 스트레스를 받게 된다. 우리가 건강한 삶을 누리기 위해서는 고독과 관계 사이에서 균형을 잘 잡는 것이 중요하다.

✦

성장에는
흔적이 남는다

책을 출간하든 앨범을 발매하든, 작업물을 내놓고 나서 되돌아보면 항상 느끼는 점이 하나 있었다. 당시에는 최선을 다해 작업했음에도, 시간이 지나면 늘 아쉬운 부분이 확연히 보인다는 사실이다. 지금까지 이런 경험을 하지 않았던 적은 한 번도 없었다. 시간이 흘러 되돌아봤을 때 100퍼센트 만족한 적이 없다는 것. 이런 아쉬움이 유쾌한 경험은 아니다. 하지만 다른 관점에서 보면, 이것은 내가 꾸준히 성장하고 있음을 보여주는 증거다. 만약 세월이 흘렀는데도 정신적 눈높이가 당시 그대로라면, 이제야 새삼 아쉬운 부분들이 내 눈에 띌 순 없을 것이다. 과거의 말과 행동, 결과물 등이 스스로 아쉽게 느껴진다는 것은 그런 자각을 할 수 있을 만큼 내가 정신적으로 성장했다는 뜻이니까.

언제나 '바로 지금'이 내가 이번 생애에서 가장 오래 살아본 순간이다. 정신이 퇴보하지 않는다는 이상적인 전제 아래, 이 순간은 내 인생에서 가장 성숙한 시점인 것이다. 그러므로 지금, 나의 가치관을 뛰어넘는 더 성숙하고 깊은 생각을 할 순 없다. 그게 가능하다면 이미 그것이 내 가치관이 되었을 테니까. 하지만 그런 일은 일어나지 않는다. 스무 살에는 딱 스무 살다운 가치관을, 서른 살이 되어서는 딱 서른 살다운 가치관을 갖게 된다. 물론 사람마다 지능과 인생 경험, 그리고 정신적 성숙도는 천차만별이므로 나이가 적은 사람이 나이가 많은 사람보다 오히려 더 성숙한 예도 있을 것이다. 그러나 성숙도를 한 개인의 삶으로 한정 짓는다면, 적어도 인생의 어느 시점까지는 나이와 정신적 성숙은 상관관계가 있다. 즉 사람의 성장에는 반드시 시간이 필요하다는 것이다.

세상의 모든 것은 시간이 흐르면서 변화한다. 사람도 마찬가지다. 언제나 '현재 시점'에서만 생각할 수 있는 내 입장에서는, 5년 전의 나와 지금의 내가 별반 다르지 않지만, 그때의 기록이나 영상 등을 확인해보면 확연한 변화를 체감할 수 있다. 일단 외모와 분위기가 달라졌을 테고, 가치관이나 취미, 친한 사람들이나 사소한 말버릇 등도 달라져 있다. 때로는 불과 한두 달 전의 나와 비교해봐도 그새 변화하고 성장했음을 느낄 때가 있다. 하루하루를 놓고 보면 아무것도 달라진 게 없어 보이지만, 얼마간의 시간이 흐른 뒤 되돌아보면 성큼 자라난 식물처럼 내 마음도 부지런히 자라나고 있었다. 가치관의 변화뿐만 아니라 새로운 관계를 맺거나 작업하는 태도 또한 달라졌다.

변화는 늘 현재진행형이다. 일정한 깊이는 아니지만 매일 아주 조금씩 내 마음이 깊어지고 있다. 덕분에 과거에는 이해하지 못했던 상황이나 사람을 현재에는 이해할 수 있게 되었다. 과거에는 틀렸다고 믿었던 것도 지금은 굳이 옳고 그름을 딱 잘라 나누지 않는 관대함도 생겼다. 몇 년 전의 기억을 떠올려보면, 마음의 평수가 확실히 넓어졌음을 느낀다.

우리는 '이건 옳고 저건 나빠' 하는 식으로 여기저기에 수많은 선을 그어대며 살아간다. 다분히 개인적 감정이 섞인 판단을 이성적이고 합리적이라고 포장하고 전시하기도 한다. 이런 행위는 선 밖으로 밀려난 사람들을 마음껏 싫어하고 미워할 명분이 되는 동시에 나는 늘 옳음의 영역에 서 있는 인간이라는 자위적 표식이 된다. 옳고 그름을 판단하는 건 잘못이 아니지만, 개인적 경험과 주관만으로 타인을 쉽게 평가하는 일은 지양해야 한다. 사람마다 남모를 사연이 있을 수 있는데, 세부 내용은 도외시하고 나만의 주관적 잣대를 객관적 진실인 양 들이민 게 아니었을까, 혹은 나의 그림자를 애꿎은 상대에게 투사했던 건 아니었을까, 하는 질문을 나 자신에게 던져본다.

어른이 되어서도 여전히 어른이 되어가는 중입니다

여전히 어른이 되어가는 중일까? 불과 몇 년 전만 해도 잘 이해되지 않던 사람이나 상황이 비로소 이해되는 경험을 한다. 나날이 마음이 진화하고 있는 기분이다. 언젠가 선입견과 편견을 싫어한다고 자부했던 내면 깊숙한 곳에도 두터운 편견의 벽이 세워졌음을 자각한 적이 있다. 나와는 다른 부류라고 선을 그어왔던 사람들조차도 결국 같은 사람일 뿐이라는 사실을 깨달았던 것이다. 지구상에 완벽히 똑같은 사람은 어디에도 없다. 모두는 서로 다른 존재이면서 동시에 거대한 전체의 일부로 연결된 존재다. 우리는 광활한 우주의 먼지보다도 더 작고 사소하지만, 동시에 기적이라는 표현 외에는 달리 설명할 길이 없는 특별한 존재다. 이런 진실을 겸허히 인정하고 나의 내면을 깨끗하게 해야 한다.

다른 사람들에게 내 생각을 전파하며 선한 영향을 끼치겠다는 욕망을 진실한 눈으로 들여다보면, 되레 불순물들이 둥둥 떠다니고 있을지도 모른다. 겸손을 가장한 교만과 인정 욕구라든가, 사회적 처세술과 사람의 됨됨이를 혼동하는 어리석음, 그리고 남들 앞에서는 서로의 다름을 존중해야 한다고 말해왔지만 속으로는 남의 말에 귀를 막는 완고한 태도가 자리하고 있을지도 모른다. 아울러 타인을 '내 편' 아니면 '적'이라는 이분법적 시각으로 바라보며 나와 다른 의견을 내는 것을 나에 대한 '공격'으로 여기거나 그런 상대방을 잠재적인 '적'으로 규정하고 밀어내는 건 아닌지도 생각해보자. 이런 성찰을 함으로써 우리는 더욱 성숙한 사람이 될 것이므로.

우리는 스스로에 대해 여전히 모르는 게 많으며, 따라서 배울 것도 많다. 그러니 아직 완성되지 않은 자신을 자책하고 미워하는 마음을 갖기보다는 인생을 배움의 과정이라고 생각하는 것이 좋다. 불안한 마음 때문에 섣불리 삶을 예단하기보다는 모든 가능성의 문을 긍정하는 마음으로 활짝 열어두자. 시간이 흐르면서 변화하는 세상과 나 자신을 있는 그대로 받아들이고 지금 이 순간에 집중하자. 마음의 평온과 소소한 행복은 남부럽지 않게 뭔가를 이뤄낸 먼 미래가 아닌 지금 여기, 내 안에 이미 존재하니까. 다소 진부하더라도 이보다 더 삶의 진실에 가까운 말도 없다.

　태어나서 생을 마감하는 순간까지는 모든 게 선택의 연속이다. 혹여 실수할까 두려워 선택을 너무 망설이지는 말자. 정교하게 조준한 뒤 발사하는 게 아니라, 일단 발사부터 하고 계속해서 조준하면서 정확도를 올리는 방법도 있다. 작은 실수나 오점 하나 없는 완벽한 인생을 살려고 머뭇거리다가 도리어 이도 저도 아닌 삶이 되는 불상사는 겪지 말자. 생각이든 감정이든 지나치게 억누를수록 더 크게 반동한다는 사실을 이해하고, 그저 내버려둘 줄 아는 마음의 여유를 회복해야 한다. 아울러 가능성의 문을 항상 열어두고 어떤 선택을 하든지 그 선택이 최선의 결과로 이어질 수 있도록 노력하자. 그것이 바로 과거도 미래도 아닌 바로 지금, 여기에서 우리가 해야 할 일이다.

나는 운을
끌어당기기로 했다!

　　노벨 경제학상을 수상한 행동경제학의 창시자, 대니얼 카너먼Daniel Kahneman은《생각에 관한 생각》에서 자신이 가장 좋아하는 방정식이라면서 아래의 식을 소개한다.

　성공 = 실력 + 운
　대성공 = 약간의 추가적 실력 + 상당한 운

　어떤 사람들은 '운도 실력이다'라고 주장한다. 여기에 나는 '어떤 의미에서는 실력도 운이다'라는 말을 더하고 싶다. 즉 내가 원하는 성과를 낼 만큼 실력을 충분히 쌓기까지는 의외로 '운'이라는 녀석이 상당한 영향력을 발휘한다는 뜻이다. 물론 이런 사실을 의식하기는 쉽지 않으며, 깨닫더라도 모른 척하고 싶은 게 사람의 심리일지도 모른다. 그러나 인간은 태어나는 순간부터 운의 영향을 크게 받는다. 인생을 좌우하는 중요한 요소인 기질과 재능, 외모, 탄생 시기와 국적 등은 전적으로 운의 영역이다. 이 모든 요소는 실력을 쌓는 데 보이지 않는 영향을 미친다. 운만이 인생을 결정하는 것은 아니지만, 어떤 부분에서는 운의 영향력이 월등히 크다는 사실을 결코 부정할 수 없다. 내가 아무리 매일같이 수영을 연습하더라도, 수영에 최적화된 신체적 조건을 타고난 마이클 펠프스를 제치고 올림픽 메달리스트가 되기는 어려운 것처럼 말이다.

운에 대한 일반인들의 생각은 이중적이다. 자신이 좋은 성과를 냈을 때는 실력과 노력 덕분(내부 요인)이라고 말하지만, 반대로 원하는 성과를 내지 못했을 때는 운이 나빠서(외부 요인)라고 치부하는 것이다. 심리학에서는 이를 자기 위주 편향self-serving bias이라고 한다. 성공하면 자신의 내적 특성 덕분이라 생각하지만, 반대로 실패하면 외적 상황으로 원인을 돌리는 인지 편향이다. 또 겉으로는 운의 영향력을 부정하는 듯하면서도 내심 본인도 운 좋은 인생의 주인공이 되길 바라기도 한다.

왜 평범한 사람일수록 운의 중요성을 인정하지 않으려고

할까? 첫째, 운을 인정하는 것과 요행을 바라는 것을 똑같다고 생각하기 때문이다. 그러나 운을 인정한다고 해서 노력 없이 요행만 바라며 산다는 뜻은 아니다. 둘째, 두려움과 불안감 때문이다. 인생에 운이 크게 개입한다고 가정하면 그만큼 미래를 예측하고 통제할 수 없다는 뜻이니, 항상 불안할 수밖에 없다. 따라서 이런 불안감을 억누르고자 운의 영향력을 부정하고 실력과 노력만을 강조하며 자기 자신을 속이는 것이다. 이는 인생을 스스로 통제하고 싶어 하는 심리와 더불어 자기 자신을 더 유능한 사람으로 인식하려는 심리가 뒤섞인 결과다.

원하는 성과를 얻기 위해서 열심히 해야 하는 건 맞지만, 노력만으로 원하는 모든 것을 이룰 수는 없다. 세계적으로 성공한 리더들은 인생에서 운이 중요하며, 자신의 성공에도 운이 작용했음을 인정한다. 빌 게이츠도 운을 성공의 중요한 요소라 말한 바 있고, 삼성그룹의 창립자인 이병철 회장도 성공의 3대 요소로 '운둔근運鈍根'을 꼽았다. 능력이 있어도 '운'을 잘 타고나야 성공하며, 그러기 위해서는 운을 기다릴 수 있는 '둔'한 맛이 있어야 하고, 운이 트일 때까지 버텨내는 '근'성이 있어야 한다는 뜻이다. 일본에서 경영의 신으로 추앙받는 마쓰시타 고노스케도 자신이 거둔 성공에서 노력에 의한 것은 1퍼센트에 지나지 않으며, 나머지 99퍼센트는 운이 좋았던 덕분이라고 고백한 바 있다.

노력으로 만든 자신의 실력에 불안해하는 평범한 사람일수록 운의 영향력을 극구 부정하려는 이유는 '실력'은 스스로 통제할 수 있으나 '운'은 그렇지 못하다고 믿기 때문이다. 그래서 자기 실력에 대한 불안감을 떨쳐내려는 욕구가 강할수록 운의 힘을 무시하려는 경향이 크다. 반면 타고난 재능이 출중할 뿐만 아니라 압도적인 노력으로 갈고닦은 실력마저 세계 정상급인 비범한 사람들은 오히려 운의 영향력을 시원하게 인정한다. 진짜 거장들은 진실을 담을 수 있는 마음의 그릇마저 크기 때문이다.

인생이 운빨이라면 내 삶에 운을 끌어당기자

스탠퍼드대학교 심리학 교수인 존 크럼볼츠John D. Krumboltz는 다양한 분야에서 성공한 미국인들을 대상으로 조사한 결과, 그들을 성공으로 이끈 계기의 80퍼센트는 우연한 만남과 사건이었음을 밝혀냈다. 되는 대로 살다가 어쩌다 행운이 얻어걸렸다는 뜻이 아니다. 성공하기 위해서 나름대로 계획을 세우고 열심히 살았지만, 정작 성공에 기여한 결정적인 사건은 뜻밖의 우연이었다는 것이다. 크럼볼츠는 이를 '계획된 우연'이라고 표현했다.

　좋은 운과 우연을 끌어당기고 싶다면, 계획을 잘 세우고 건강한 습관을 만들어야 한다. 크럼볼츠 교수는 이를 위해 다섯 가지 요소가 필요하다고 말한다. 바로 새로운 기회를 끊임없이 탐색하는 '호기심', 숱하게 좌절하면서도 좋은 우연을 만날 때까지 버텨내는 '인내심', 수시로 변화하는 상황에 적절하게 대응하는 '유연성', 새로운 기회를 긍정적으로 바라보는 '낙관성', 불확실한 상황에서도 행동하는 '위험 감수'다. 이 요소를 지닌 사람들은 좋은 우연을 허투루 흘려보내지 않고 기회로 삼아 마침내 성공에 이를 수 있다.

　빌 게이츠 같은 성공한 사람일수록 자신의 성공에 더 감사하는 마음을 갖고 겸손하게 살아간다. 또한 그들은 회복력이 좋아서 설령 실패하더라도 크게 낙담하지 않고 다시 일어선다. 세상만사는 늘 변화하므로 크게 슬펐던 일이 최상의 일로 이어질 수 있고, 크게 기뻤던 일이 커다란 고통의 원천이 될 수도 있다는 새옹지마의 이치를 그들은 잘 알고 있다. 운의 중요성을 너무나 잘 알기에 실패했을 때 자책하기보다는 현재 자신이 할 수 있는 일에 집중하는 것이다. 이처럼 성공 앞에서는 겸손하고 실패 앞에서는 의연한 덕분에 그들의 성공은 일회성으로 그치지 않고 계속해서 반복된다. 비로소 진정으로 성공한 인생의 주인공이 되는 것이다.

'운'과 '요행'을 혼동하는 사람들은 운의 힘을 인정한다고 하면 아무 노력도 하지 않고 가만히 앉아서 행운의 여신이 오기만을 기다린다는 말로 오해하는 경향이 있다. 하지만 운을 인정한다는 것은 용기와 지혜를 갖추고 행운의 문을 열고 들어가겠다는 다짐과 같다. 이로써 운을 예측하고 통제할 수는 없겠지만, 적어도 좋은 운을 맞이할 가능성을 높일 수는 있기 때문이다.

좋은 운은 좋은 사람과 함께 온다. 이를 '귀인'이라 부른다. 누구나 이러한 귀인을 만나고 싶을 것이다. 그러려면 안락한 집을 벗어나 약간의 모험을 시도해야 한다. 새로운 집단에서 낯선 사람들과 연결돼보거나, 새로운 취미나 일을 배워보는 것도 좋다. 무엇보다 중요한 건 서로 긍정적인 영향을 주고받을 수 있는 다양한 사람들과 교류하면서 순수하고 선한 마음으로 타인에게 베풀어야 한다는 것이다. 이런 활동이 바로 운이 발생할 가능성이 가장 높은 곳에 자기 자신을 포지셔닝하는 전략이다. 이때, 실패에 좌절하지 않고 유연하게 계속 시도하는 '끈기', 내게 찾아오는 운을 놓치지 않고 포착하는 '안목', 그리고 스스로 운이 좋다고 믿으며 진심으로 '감사하는 마음'을 반드시 가져야 한다.

　진정한 행운은 축복 내지는 은혜와 같다. 따라서 '운이 좋은 사람'이란 표현은 내게 최고의 칭찬 중 하나다. '축복받은 인생의 주인공', '신의 은총을 받은 사람'과 같은 의미이기 때문이다. 미국의 3대 대통령 토머스 제퍼슨은 "나는 운을 신봉하는 사람이다. 그리고 더 열심히 일할수록 더 많은 운을 갖게 된다는 것도 잘 알고 있다"라고 말했다. 유한한 인생이 운발이라면, 우리는 삶의 방향을 더욱 정확하게 설정해서 최선을 다해 노력해야 한다. 스스로 운이 좋다고 굳게 믿고 늘 감사하는 마음으로 좋은 운을 적극 끌어당기자. 행운으로 가득한 인생의 문이 당신의 손으로 열리기만을 기다리고 있다.

2장

바쁘게 지낸다고
잘 사는 건 아니다

실패를 딛고 일어선
위대한 사람들

'해리 포터' 시리즈의 작가 J.K. 롤링의 실제 인생 이야기는 그녀가 쓴 판타지 소설보다도 더 소설 같다. 롤링이 빚더미에 앉은 애 딸린 이혼녀 신분의 무명작가일 때 쓴 소설《해리 포터와 마법사의 돌》은 열두 곳의 출판사에서 퇴짜를 맞은 후 열세 번째로 찾은 블룸즈버리라는 작은 출판사에서 간신히 출간할 수 있었다. 당시 출판사 측에서는 이 책이 5만 부만 팔려도 성공이라고 예상했지만 이후 이 시리즈는 전 세계 200개국 이상에서 80개 언어로 번역되었으며 무려 5억 부나 판매되었다. 이로써 공식적으로 판매량이 확인된 소설 가운데 지구상에서 가장 많이 팔린 작품이 되었다.

만약 롤링이 열두 번째 출판사로부터 거절당했을 때, '나는 글쓰기에 재능이 없나봐. 작가가 되는 건 아무래도 포기 해야겠어'라고 마음먹고서 생계를 위해 다른 직업을 찾았다 면 어떻게 됐을까? 어쩌면 그녀는 지금까지도 힘들게 살아 가고 있을지 모르고, 그녀와 그녀의 책이 오늘날 세계 문화 예술계에 끼친 막대한 영향은 '제로'가 되었을 것이다.

롤링처럼 무명 시절에 찬밥 취급을 받았던 작가는 생각 보다 많다. 전 세계에서 6500만 부가 팔린 파울로 코엘료의 《연금술사》도 처음에는 브라질의 작은 출판사에서 초판으 로 900부만 찍은 후 작가의 증쇄 요청을 거부했다고 한다. 《연금술사》는 코엘료의 다음 소설인《브리다》가 출간된 후 에야 2쇄를 찍을 수 있었고 그때부터 본격적으로 팔려나가 기 시작했다.

존 케네디 툴이라는 이름을 혹시 아는가? 작가 지망생이 었던 툴은 자신의 첫 번째 소설 원고를 미국의 유명 출판사 인 사이먼 앤드 슈스터에 보냈지만 출판을 거절당했다. 그 는 다른 출판사에도 원고를 투고했지만, 하나같이 그의 원 고를 거부했다. 아직 20대였던 그는 크게 상심해 알코올 중 독과 우울증에 빠졌고, 결국 1969년 32세라는 젊은 나이에 자동차 배기가스를 마시고 스스로 목숨을 끊었다. 그리고 툴이 세상을 떠난 지 11년이 지난 1980년, 그의 어머니가 출판사를 설득하는 데 성공해 마침내 《바보들의 결탁》이 출간되었다. 한때 모든 출판사에서 거절했던 툴의 원고는 미국 남부 문학의 걸작이라는 평을 들으며 1981년 퓰리처상을 받았고, 150만 부 이상 팔려나갔다. 이렇듯 인생은 참 아이러니하다.

노벨 문학상을 수상한 조지 버나드 쇼도 20대 시절 자신의 소설을 출판사 수십 군데에 투고했으나 모조리 거절당했다. 스티븐 킹의 첫 장편소설 《캐리》는 30개 출판사에서 거절당했다. 현재 전 세계 30개 이상의 언어로 번역된 폴 오스터의 첫 번째 소설인 《유리의 도시》는 처음에 열일곱 개 출판사에서 거절당했다. 젊은 시절 수십 년 동안 출판사와 잡지, 신문, 에이전트 등에서 번번이 거절만 당하다가 50세의 나이에 첫 책을 출간해 200만 부 이상을 판매한 찰스 부코스키, 조지 오웰 같은 유명한 작가들 역시 한때는 모든 출판사로부터 퇴짜를 맞는 불청객 처지였다.

실패는 포기했을 때 찾아온다

무수한 실패를 딛고 우뚝 일어선 위대한 영혼들의 이야기에 우리가 위로받는 건, 지금 나의 시련도 앞으로 더 크게 성장하기 위한 전조가 아닐까 하는 희망을 얻기 때문일 것이다. 희망이 없는 삶은 죽은 삶이나 다를 바 없다. 지금 당신이 읽고 있는 이 책도 출간되기까지의 과정이 순조롭지는 않았다. 여러 곡절을 겪는 동안 내 의지가 완전히 꺾였다면, 이 책은 세상의 빛을 보지 못했을 것이다. 하지만 앞서 소개한 거장들의 이야기를 가슴속에 품고 있던 나는 포기하지 않았다. 그 덕분에 이렇게 책으로 우리가 만날 수 있게 된 것이다.

실패와 좌절의 맛이 달콤한 사람은 세상에 없다. 하지만 살면서 전혀 실패하지 않는 사람 또한 없다. 일론 머스크, 스티브 잡스, 아인슈타인 같은 세기의 천재들도 다들 엄청난 실패를 경험하지 않았는가. 머스크는 실패하지 않으면 제대로 혁신하지 않았다는 뜻이라고 말했고, 잡스도 자기가 아는 사람 가운데서 한 해에 2억 5000만 달러를 잃은 사람은 본인이 유일하다며 그것은 매우 멋진 소양 교육 과정이었다고 호기롭게 고백한 바 있다. 이들이 평범한 사람들과 다른 점이 있다면, 몇 번을 넘어지더라도 비관하지 않고 다시 일어설 때까지 계속 시도했다는 사실이다. "실패는 단지 인생이 우리를 다른 방향으로 이끌려고 하는 것일 뿐"이라는 오프라 윈프리의 말처럼, 세상의 위대한 영혼들은 똑같이 실패를 경험하더라도 이에 대응하는 방식만큼은 남달랐다. 그들은 기어코 다시 일어설 때까지 끈기를 가지고 계속해서 밀고 나갔다. 자기 확신을 갖되 때로는 유연하게 방향을 바꾼 덕분에 결국 문제의 해결책을 찾아낼 수 있었다.

몇 번 실패했다고 해서 결코 끝은 아니다. 그만두어야 비로소 끝나는 것이다. 그러니 이미 지나가 버린 어제는 잊자. 오늘은 완전히 새로운 날이니까. 발명왕 에디슨은 인생에서 실패한 사람 중 다수는 성공을 목전에 두고도 모른 채 포기한 이들이라고 했다. 지금 이 순간에도 성공을 눈앞에 두고서 발길을 돌리는 사람들이 숱하게 있을 것이다. 몇 발짝만 더 가서 손을 뻗으면 문을 열 수 있지만 끝내 스스로 주저앉아버린 사람, 어쩌면 그 안타까운 사람이 내가 될 수도 있지 않겠는가?

물론 지금까지 들인 비용과 시간에 매이지 않고 과감하게 포기할 줄 아는 지혜도 때론 필요하고, 요즘 시대에는 포기하는 것을 쿨하게 여기는 풍토가 생겨난 것도 같다. 그런데 우리가 명심해야 할 사실이 있다. 적당한 타이밍에 포기하기 위해서는 용기가 필요하며, 반대로 포기를 포기하고 앞으로 나아가기 위해서도 용기가 필요하다는 것. 결국 우리가 어떤 선택을 하든, 삶을 지탱하고 나아가게 하는 근원적인 힘은 용기다. 평생 동안 어깨에 힘 팍 주고 뭐든지 과감하게 행동해야 할 필요는 없다. 평소에는 힘을 숨겨놓고 살다가 인생의 기회가 찾아왔을 때, 그것을 한눈에 알아보고 적극적으로 쟁취해내는 용기만큼은 반드시 가져야 할 것이다.

가난한 무명작가였던 롤링과 같은 드라마틱한 대반전을 기대하지는 않더라도, 삶에는 저마다의 열세 번째 출판사가 틀림없이 존재한다고 믿는다. 나는 이러한 인생의 큰 기회나 귀인을 '인생의 열세 번째 문'이라고 표현하고 싶다. 아직 이 문을 만난 적이 없다면, 앞으로 기회는 남아 있다는 의미일 테니 낙담하지 말고 조금만 더 힘을 내어 문을 두드려 봤으면 좋겠다. 먹구름 속에서 새어 나오는 한 줄기 빛, 실버라이닝 silver lining처럼 당신의 문도 반드시 열릴 테니까.

✦

약하면 악해지기 쉬우니
(건)강해야 한다

우리는 종종 '약한 사람'과 '착한 사람', '강한 사람'과 '나쁜 사람'을 각각 서로 비슷한 개념이라고 혼동할 때가 있다. 이제는 정확히 알아야 한다. 부당한 상황에 직면했을 때 제대로 저항하지 못하고 굴복하는 것은 약한 거지 착한 게 아니다. 그리고 소시오패스나 나르시시스트처럼 상대를 착취하고 기만하는 사람은 나쁜 사람이지, 강한 사람이 아니다. '착하고 강한 사람'도 있고, '나쁘고 약한 사람'도 존재한다는 사실을 간과해선 안 된다.

우선 강한 사람과 약한 사람의 개념부터 정의해보자. 사회적 지위나 물리적인 힘과 같은 겉모습이 아닌 개인의 정신적인 가치로 강자와 약자를 나누는 것이다. 즉 강한 사람이란 단순히 사회적 지위가 높고 힘이 센 사람이라기보다 진실을 말할 수 있을 만큼 정의롭고 마음이 건강한 사람이다. 아울러 자신의 오류를 발견하고 겸허히 인정하고 개선할 수 있는 현명한 사람이기도 하다. 이것은 나이나 성별, 체격, 직업, 지위 같은 것과는 상관없다. 강하다는 것은 곧 마음이 건강하다는 뜻이다.

반면 약한 사람은 사회적 지위가 낮거나 신체적으로 약하다기보다는 말과 행동이 저열하고 위선적인 사람이다. 이들은 사실을 꾸며내고 진실을 왜곡하면서 거짓을 일삼거나, 심지어 진실이 무엇인지 관심조차 없다(여기서 말하는 '약한 사람'은 '유약한 사람'과는 결이 다르다. 유약함에는 '부드럽고 약하다'라는 정의대로 적어도 악의는 없기 때문이다). 이런 관점에서 보면, 겉보기에 센 척하면서 나쁜 짓을 일삼는 사람들은 강한 게 아니라 누구보다도 약한 사람들이다. 이들은 깊은 내면에 분노와 수치심, 무력감이 가득하다 보니 상습적으로 거짓말을 하고 비겁한 짓을 일삼으며 타인을 증오한다. 살기 위해서 눈이 뒤집혀버린 약자들이다. 그들은 진실하게 살아갈 마음의 여유 따위 없이 강한 척 허세를 부리고 남들에게 해악을 끼치면서까지 자신의 이득을 취하는 데만 골몰한다. 니체는 "사람들은 대개 나약할 때 누군가를 미워한다"라고 했고, 심리학자 매슬로도 "인간의 사악함은 대개 나약함이

나 무지함에서 비롯된다"라고 말했다. 이처럼 '약함'은 '악함'이 되기 십상이다. 단순히 악에 받치는 걸 넘어서, 약하면 약할수록 내면이 병든 악의 화신이 되고 만다.

그래서 우리는 더 강하고 건강해야 한다. 약해지지 않고 악에 물들지 않기 위해, 더 나아가 선한 삶을 살아가는 선한 사람이 되기 위해서 말이다. 스스로 가련한 피해자라는 만성적인 피해의식에서 벗어나, 인생을 스스로 경영하는 강인한 사람이 되어야 한다. 그렇다면 마음이 선하면서 강한 사람은 어떤 특징이 있을까? 영화 '스파이더맨' 시리즈의 주인공 피터 파커를 보면, 마음은 누구보다도 선하지만 절대 나약하거나 만만하지 않은 진짜 강한 사람이 누구인지 알 수 있다.

스파이더맨에게 배우는 강한 사람의 특징

마음이 선하면서도 강한 사람의 첫 번째 특징은 배려심이 깊으면서 자신의 주관도 뚜렷하다는 점이다. 영화 〈스파이더맨: 노 웨이 홈〉에는 각자 다른 평행우주에서 온 추억의 빌런들이 총집결한다. 빌런들을 모두 잡아 한곳에 가둔 피터와 닥터 스트레인지는 서로 의견이 팽팽하게 엇갈린다. 빌런들을 원래 있던 평행우주로 돌려보내야 한다고 말하는 닥터 스트레인지. 반면 피터는 빌런들을 돌려보내면 그곳에서 전부 목숨을 잃는다며, 반드시 여기서 치료해야 한다고 강력히 주장한다. 이 둘의 갈등이 영화의 메인 플롯이다. '다정한 이웃'이라는 별명답게 피터는 늘 주변 사람들을 먼저 배려하면서도 자기 주관이 매우 확고하다.

이처럼 마음이 선하면서 강한 사람들은 주관도 없이 상대의 뜻에 맞추거나 휘둘리지 않는다. 대신 자기 생각이 뚜렷한 만큼 상대의 생각도 존중한다. 상대를 먼저 배려할 만큼 여유가 있기 때문이다. 이는 마치 여섯 살 어린아이에게 기꺼이 맞춰주는 어른의 마음과 비슷하다. 어린아이가 무서워서 질질 끌려다니는 어른은 없다. 마찬가지로 선하고 강한 사람들은 확신과 여유에서 나오는 배려심이 깊다.

두 번째 특징은 자주 화내진 않지만, 필요한 순간에는 적절히 화낼 줄 안다는 점이다. 피터는 평소에 화는커녕 상당히 유머러스하고 온순한 편이다. 그렇지만 빌런에게만큼은 절대로 물러서지 않으며 강력하게 응징한다. 마찬가지로 우리가 사는 현실 세계에서도 마음이 선하고 강한 사람들은 어지간해서는 화를 잘 내지 않는다. 이들은 누군가가 무서

위서 화를 못 내는 사람이 절대 아니다. 상대방이 천지 분간 못하고 안하무인으로 나올 때는 완벽하게 제압해 무릎을 꿇게 한다. 이를테면 선처 없이 법적으로 대응하는 식이다. 하지만 이들은 관용을 베풀 때는 대가 없이 베푼다. 언제 화를 내야 하고, 또 언제 관용을 베풀어야 할지에 대해 본인만의 주관이 확고하기에 가능한 일이다.

마지막 세 번째 특징으로, 진심을 다하지만 상대에게 아쉬워하지 않는다. 가난한 학생인 피터가 스파이더맨 활동을 하는 건 돈벌이나 대중적인 인기를 얻기 위함이 아니다. 사랑하는 사람들과 뉴욕시를 악인들로부터 지키고 싶어서다. 이처럼 마음이 선하면서 강한 사람들은 상대방에게 대가를 바라고 먼저 베푸는 게 아니다. 상대에게 아쉬운 게 없지만 진심으로 좋아하기에 아낌없이 주는 것이다. 따라서 상대가 선을 크게 넘는 무례를 범했다고 판단하면, 단호하게 관계를 정리할 수도 있다.

선하면서 강한 사람들이 가지고 있는 세 가지 특징의 핵심은 균형이다. 상대에게 친절하되 끌려다니지 않고 지나치게 이기적으로 굴지도 않는 균형 감각. 때로 그 균형이 무너져 넘어졌을 때 다시 빠르게 일어날 수 있는 용기. 그리고 이

때 필요한 게 바로 회복탄력성이다. 즉 강한 사람은 자신과 타인 사이의 균형을 잘 잡으면서 동시에 건강한 회복탄력성을 지녔다.

태어날 때부터 강한 사람은 세상에 없다(심지어 스파이더맨도 우연히 방사능에 피폭된 거미에 물리기 전까지는 그저 평범한 고등학생이었다). 인생의 시작점에서는 누구나 작고 무력하게 출발한다. 그러니 강해지기 위해서는 배워야 한다. 무엇이 진정으로 강한 것인지 그 정의를 올바르게 이해하고, 왜 강해져야 하는지 그 목적과 이유를 깨달아야 한다. 그리고 실제로 강하고 선한 사람들의 특징을 내 삶에 적용하고 실행한다면, 시간이 지날수록 점차 그런 사람에 가까워질 것이다. "시작은 미약하나 끝은 창대하리라"라는 오래된 잠언처럼, 우리 자신도 시작은 무력했으나 결국 선하고 강한 사람으로 거듭나리라 믿는다.

목표가 아닌
목적으로 살아가기

　　모든 걸 다 가진 듯한 유명 연예인이나 재벌이 스스로 목숨을 끊었다는 충격적인 뉴스를 접할 때가 있다. 평범한 우리로서는 대체 왜 그런 선택을 한 것인지 선뜻 이해되지 않을 때도 있다. 조심스레 추측해보건대, 그들은 남부럽지 않을 만큼 눈에 띄는 경제적 성공을 이뤘지만, 그보다 더 중요한 삶의 목적을 잃었던 게 아니었을까? 니체는 "만일 당신에게 살아야 할 이유가 있다면 당신은 어떤 일이든 견뎌낼 수 있다. 의미 있는 삶은 한창 고난을 겪는 중이라도 지극히 행복할 수 있다. 이에 비해 의미 없는 삶은 아무리 안락할지라도 끔찍한 시련이다"라고 했다. 아무리 물질적 풍요를 누리는 삶을 살더라도, 살아야 할 이유를 완전히 상실한 사람에게는 그조차 아무런 의미가 없는 것이다.

삶의 목적이란 살아가는 이유이자 죽을 때까지 끝나지 않는 과정으로 자신이 옳다고 정한 방향으로 흔들림 없이 살아갈 수 있는 원동력이다. 삶의 목표와 목적은 의미가 다른데, 목표는 '입학시험이나 자격시험 통과하기', '몇 살 때까지 얼마 모아서 은퇴하기' 등 구체적으로 성취하고자 하는 것들이고, 목적은 나아가는 방향을 의미하는 좀 더 추상적이고 넓은 개념이다.

미국 로체스터대학교에서 이뤄진 연구에 따르면, 부자가 된다거나 유명세를 얻는 것처럼 '외부적 열망'에서 비롯된 목표는 설령 달성한다고 해도 행복감이 오래가지 못하거나 심지어 불안과 우울을 느끼며 더 깊은 불행의 길로 곤두박질치는 경우가 많았다. 지나치게 경제적인 이익에만 집중하느라 삶에서 중요한 것들을 잃어버렸기 때문일 것이다. 반면 '내재적 열망'이 이끄는 삶의 목적을 추구하며 살아가는 사람들은 행복감과 만족감이 높았다. 단기적인 목표를 좇는 것도 좋지만, 목표를 넘어 인생의 궁극적인 목적을 세울 때 우리는 의미 있는 삶을 살아갈 수 있다.

지난날을 돌이켜보면 나도 우울증이 심했을 때 삶의 목적을 완전히 잃었다. 그 시절 나는 '왜 살아야 하는가'라는 질문에 대한 만족스러운 대답을 찾기가 힘들었다. 내면의 어둠이 바깥으로 새어 나와 삶을 통째로 집어삼킨 것만 같았다. 그 시절에 세상을 바라보는 나의 내면은 혼돈 그 자체였다. 외부 자극에 예민한 기질을 타고난 데다가 이상주의 성향까지 강한 나는 삶의 목적을 잃고 스스로에게 너무 엄격하게 굴었다.

내면의 혼돈이 걷히기 시작한 게 정확히 언제였는지는 기억나지 않는다. 어느 순간 무심코 뒤를 돌아보니 많은 것이 제법 뚜렷하게 보였을 뿐이다. 삶은 내가 예측했던 방향으로 흐르지 않았다. 이를테면 지금 하는 작곡이나 글쓰기는 학창 시절 내가 좋아하고 잘하는 분야가 아니었다. 국어와 음악은 흥미조차 못 느끼던 과목이었다. 따라서 어쩌다 내가 오늘 이 자리에 서게 된 것인지 제대로 설명할 수가 없다. 어쩌면 그냥 운이었다고 말하는 게 적절한 대답일지도 모르겠다.

목적이 살아 숨 쉬는 삶

언젠가 친구들과 강원도 산골에 캠핑을 하러 간 적이 있다. 그곳은 서울의 밤하늘과는 사뭇 달리 별들이 가득했다. 무수히 많은 별이 박혀 있는 아름다운 밤하늘을 바라보고 있으니, 경외감에 압도되어 절로 겸손해졌다. 백세시대가 도래했다며 너도나도 열광하지만, 우주의 나이에 비하면 인간의 삶은 찰나에 불과하다. 저 광활한 우주 앞에서 우리 인간은 '티끌'이라는 비유조차 과분할 만큼 작디작은 존재일 뿐이다. 이렇게나 작은 존재로서 잠시 머물다 가는 인생, 무엇이 진정으로 의미 있는 삶일까, 그 답을 오랫동안 찾아 헤맸다.

그리고 어느 순간, 삶의 목적을 발견했다. 예전에는 개인적인 행복 내지는 쾌락 추구에 만족했고 그 너머를 바라볼 수 없었지만, 어느덧 시야가 더 넓어진 모양이다. 나는 모두가 궁극적으로 하나라는 사실을 깨달았다. 이는 종교적·철학적 관점을 떠나서 과학적으로도 사실일 가능성이 크다. 물리학자 브라이언 그린 Brian Greene은 《우주의 구조》에서 태초에 빅뱅이 일어날 때 공간을 비롯한 모든 만물은 한 지점에서 탄생했으므로 우주에 흩어진 모든 것은 양자적으로 얽혀 있을 수도 있다고 말한다. 그렇다면 이 넓은 우주의 작은 먼지 같은 존재인 나, 그리고 내가 하는 일은 개인적 활동을 넘어 더 넓은 세상과 연결되어 있을지도 모르겠다.

전체의 일부로서 나만이 할 수 있는 고유한 일이 무엇인지 생각해보았다. 그동안 살면서 받았던 모든 것을 다시 세상에 돌려주고 잘 떠나는 것, 달리 표현하면 세상에 공헌하고 타인의 성장에 기여하는 것이었다. 여전히 나는 '앞으로 내가 얼마나 더 살 수 있을까?', '어쩌면 어젯밤에 본 달이 내 인생의 마지막 달일 수도 있지 않을까?'와 같은 생각을 종종 한다. 이런 생각을 하다 보면 더욱 의미 있는 삶을 살고 싶어진다.

"당신의 생이 마치 천 년이나 남아 있는 것처럼 살지 말라. 죽음은 늘 당신의 눈앞에 다가와 있다. 그러므로 생명의 힘이 남아 있을 때 선한 일을 하는 데 힘써라"라고 한 아우렐리우스의 말을 가슴에 새긴다. 내 안에 이미 존재하는 행복을 다른 사람들과 나누며 살고 싶다. 보이지 않는 끈으로 연결되어 있는 모두가 내면에 숨긴 빛을 발견할 수 있도록 곁에서 조용히 돕는 삶을 살아가겠다.

바쁘게 살 것인가
잘 살 것인가

'나는 매일 바쁘게 살고 있는가?'
'나는 인생을 잘 살고 있는가?'

위의 두 문장은 같은 의미일까? 우선 인생을 잘 산다는 게 어떤 의미인지부터 생각해보자. 타인과 비교할 만한 몇몇 지표들이 있지만, 개인이 느끼는 삶의 행복과 만족감은 그런 것과 별개일 수 있다. 누구나 부러워할 만한 인생을 사는 것처럼 보이는 사람도 삶을 공허하고 불행하다고 느끼는 경우가 있지 않은가? 반면 남들이 볼 때 그리 특별한 게 없는 삶처럼 보여도 스스로 무척 행복하고 만족스럽게 사는 경우도 많다. 사람마다 행복감의 역치도 다르고 '좋은 삶'을 판단하는 기준도 제각각이다 보니, 잘 사는 게 무엇인지를 객관적으로 정의하기는 다소 애매하다.

그럼에도 이 말만큼은 확실하다. 바쁘게 산다고 해서 꼭 잘 사는 인생은 아니라는 것. 우리는 매일 쉼 없이 바쁘게 살면서도 가끔 무의미하게 쳇바퀴를 굴리는 듯한 심정을 느낀다. 적어도 이런 감정을 표현할 수 있다면 건강한 것이다. 사실 이보다 더 위험한 상태는 생각 없이 몸을 바쁘게 굴리기만 하면서 인생을 잘 살고 있다고 착각하는 경우다. 이를테면 휴대폰 스케줄러에 빼곡하게 약속을 채워 넣고 이것이 잘 사는 인생의 징표인 양 자기 자신을 속이면서 애써 삶의 불안을 달래는 사람들이 있다. 이들은 내면의 공허가 깊을 가능성이 크다.

오래 사귄 연인과 판에 박힌 데이트를 반복하다 헤어지고 나면, 갑자기 바쁘게 살려고 애쓰기도 한다. 한동안 소원했던 친구들에게 다시 연락하고, 전에는 관심 없던 새로운 모임이나 동호회를 기웃거리기도 하고, 소개팅을 줄지어 잡기도 한다. 왜 그럴까? 이별의 상실감이 이루 말할 수 없을 정도로 깊어졌기 때문이다. 내 몸을 바쁘게 굴리는 것이 외로움을 느끼지 않는 제일 손쉬운 방법이니까.

사람들이 맹목적으로 '바쁨'을 좇는 이유도 이와 비슷하다. 바쁨에 '중독'되지 않고서는 도무지 이 시간, 이 현실을 견딜 수가 없어서다. 자신을 '바쁘지 않은 사람'이라고 당당하게 말하는 팀 페리스Tim Ferriss도《타이탄의 도구들》에서, 바쁨은 삶의 두려움을 숨기고 존재의 가치를 확인하여 공허함을 막아주는 울타리라고 말하지 않았는가. 미국의 심리학자 너새니얼 브랜든은《자존감의 여섯 기둥》에서, 자존감이 낮은 사람들은 기계적이고 무의식적으로 살면서 자신을 망각하려는 욕구가 더 절박해진다고 말했다. 의미 없이 무조건 분주하게만 살려는 것도 이런 맥락과 닿아 있다.

바쁘게 사는 게 무조건 잘못됐다거나 바쁘게 살지 말자는 게 아니다. 진심으로 바쁜 게 좋다면 그래도 좋다. 단, '바쁜 삶'과 '좋은 삶'을 혼동해서는 곤란하다는 얘기다. 그렇게 되면, 진정으로 잘 사는 인생이 무엇인지 깨닫지 못하고 지나칠 가능성이 크기 때문이다.

치유의 관점에서, 삶이 공허하고 외롭다면 바쁘게 사는 것은 도움이 된다. 데일 카네기도《자기관리론》에서 "바쁘게 사는 게 최고의 정신질환 치료제 중 하나다"라고 썼을 정도다. 만일 지금 연인과 헤어져서 힘들다면, 혼자 방 안에만 있지 말고 바깥에 나가서 누구라도 만나라. 그게 낫다. 그런데 어느 정도 시간이 흘러서 이별의 상실감을 극복했다면, 이제는 혼자만의 시간도 잘 보낼 수 있어야 한다. 궁극적으로 다른 사람들과 좋은 관계를 맺되 혼자서도 잘 지낼 수 있는 건강한 사람이 되는 것이 바람직하다.

이와 마찬가지로, 인생의 공허를 어느 정도 메웠다면 굳이 바쁨으로 자신의 존재 가치를 증명하지 않아도 괜찮다. 명상하고, 산책하면서도 얼마든지 '좋은 삶'의 주인공일 수 있다. 겉으로는 당당한 척 뽐내지만, 내면에는 여전히 자기 존재에 대한 확신이 부족한 사람일수록 한가하게 시간을 보내는 것에 대해 불안과 두려움, 죄의식을 느낀다. 이들에게는 시간이 여유롭다는 것은 곧 타인에게 쓸모없어졌다는 증거로 여겨지기 때문이다. 존재 가치에 대한 자기 확신이 부족하다 보니, 매 순간 남들에게 자신의 쓸모를 증명해내지 않으면 마음이 불안한 것이다. 그런 불안과 공포는 자기 자신을 채찍질해 앞으로 나아가게 하는 원동력이 되기도 하지만, 어쩌면 그런 태도는 나태와 태만만큼이나 인생에 독이 될지도 모른다. 언제나 지나침은 모자람과 같다는 과유불급의 지혜를 잊지 말아야 한다.

어떻게 살 것인지는 내가 정한다

인생의 목적과 의미는 스스로 발견하는 것이다. 잘 사는 인생이 무엇인지를 객관적으로 정의하긴 어려우나 한 가지는 분명히 말할 수 있다. 적어도 인생을 의미 있게 잘 사는 사람이라면, 별 이유 없이 매일 누군가 만나지 않으면 인생을 잘 못 사는 것 같은 불안감에서 자유로울 것이다. 이미 충분히 좋은 삶을 살고 있는 사람은 다른 사람들에게 굳이 인정받을 필요성을 전혀 못 느낄 테니 말이다. 스스로 좋아하고 의미 있는 일을 많이 하다 보니 자연스럽게 바쁜 거라면 상관없지만, 굳이 남들에게 인정받기 위해 바쁨을 과시하고자 아등바등할 필요는 없는 것이다.

한시라도 바쁘게 살지 않는 일상이 늘 초조하고 불안했다면, 이제는 마음이 한가하게 시간을 보내는 법도 배우라는 신호를 보낸다고 생각하자. '공허한 바쁨'보다는 '충만한 한가함'이 때론 더 가치 있는 선택일 수 있다는 깨달음만으로도 더 좋은 삶을 살아가는 데 도움이 될 것이다. 매일 빼곡한 일정을 정신없이 소화하느라 몸과 마음이 지쳐버린 자기 자신을 이따금 심심하게 내버려둘 줄 아는 것도 용기이자 지혜다. 그러고 보면 인생을 잘 산다는 것은 한가한 시간을 얼마나 스스로 만족스럽게 보내는지에 달린 게 아닌가 싶다. "바쁘다 바빠, 현대사회", "갓생 살자" 같은 말을 입버릇처럼 외치는 세상에서 제대로 한가할 줄도 알아야 하지 않을까? 열심히 살고 있는 우리 자신에게 이따금 여유라는 선물을 줄 수 있었으면 좋겠다.

긍정적인 걸까
자기합리화일까

일상에서 우리는 자아를 보호하고 자존심을 지키기 위해 진실을 일부러 외면하면서까지 자신을 속일 때가 있다. 대표적인 예가 '합리화rationalization'로, 잘못된 행동이나 실패를 하고 나서 자책감에서 벗어나기 위해 그럴듯한 이유를 들어 자신의 입장을 정당화하려는 방어기제다. 합리화에는 크게 두 가지 종류가 있다. 하나는 이솝 우화 〈여우와 신 포도〉 속의 여우처럼 엄연히 못하는 일을 안 하는 것뿐이라고 자신을 속이는 방식으로, 이를 '신 포도형 합리화'라고 한다. 다른 하나는 자신이 처한 불행이 실은 자신이 원하던 축복이며 행운이라는 식으로 자기기만을 하는 '달콤한 레몬형 합리화'다.

- 신 포도형 합리화: 원하는 것을 얻지 못했을 때 처음부터 그것을 원하지 않았다고 자신을 속이는 것.
- 달콤한 레몬형 합리화: 불만족스러운 현재 상황이 실은 축복이며 처음부터 바라던 것이라고 자신을 속이는 것.

합리화는 주로 자아가 약하고 미성숙한 사람들이 애용하는 방어기제지만, 정도의 차이만 있을 뿐 사람은 누구나 합리화하려는 경향이 있다. 타인의 합리화는 논리적으로 말이 되지 않는다고 비판하면서도 정작 자기 자신의 합리화에는 관대하거나 심지어 자각조차 하지 못하기도 한다. 언제나 100퍼센트 진실한 자기 인식으로 건강하게 살아갈 수 있다면 좋겠지만, 사실 그러기는 쉽지 않다. 우리는 대부분 완벽한 사람이 아니며, 평생에 걸쳐 천천히 완성되어가는 존재다. 생존과 번식이라는 원초적인 목표를 가지고 살아가는 보통의 존재에게 합리화는 해로운 감정을 물리치고 심리적 면역 체계를 강화하는 항생제인 셈이다. 그런데 항생제는 자주 사용할수록 효능이 점점 떨어진다는 특징이 있다. 마찬가지로 자기합리화도 적당하면 정신건강에 좋지만, 정도가 너무 지나치면 역효과가 난다. 과도한 합리화 때문에 판단력을 잃게 되면 때로 더 심각한 문제에 놓이기도 한다.

자기합리화와 긍정 구분하기

세상 모든 것에는 양면성이 존재한다. 문제가 생겼을 때 스스로를 합리화하면 수치심이 주는 고통을 잠재워 마음의 위안을 얻는다는 장점이 있다. 그러나 이 때문에 판단력을 잃고 잘못된 결정을 고수하게 되므로, 결국 문제를 해결할 기회를 잃고 실수를 반복한다는 것은 단점이 된다. 자기합리화는 현실을 그대로 받아들일 내면의 힘이 부족한 탓에 현실을 왜곡하면서까지 자기 행동을 정당화하는 태도이기 때문이다. 병적인 수준의 지나친 합리화는 대인관계를 포함해 자신의 인생에도 해가 될 뿐이다.

그러므로 우리는 합리화를 하지 않고서도, 자아를 보호하고 문제를 해결할 수 있는 길을 모색해야 한다. 그것은 진실하게 '긍정'하는 것이다. 단, 긍정과 낙관을 착각해서는 안 된다. '그냥 다 좋게 좋게 생각하는 것'은 긍정이 아니라 낙관이다. 이는 근거와 상관없이 현실을 마냥 희망적으로만 바라보는 태도다. 반면 긍정은 '현실을 있는 그대로 인정하는 것'이다. 내 현실이 어떻든 간에 그것을 부정하지 않고 내면에서부터 받아들이는 것이 진정한 의미에서의 긍정적인 태도다.

그럼 어떻게 자기합리화에 빠지지 않고, 긍정할 수 있을까? 우선 자신의 문제가 무엇인지 명확히 자각해야 한다. 나에게 어떤 문제가 있는데도 스스로 인식조차 하지 못한다면, 긍정적인 사람이 되고 싶어도 불가능하다. 그런데 유감스럽게도 인간에게는 스스로는 볼 수 없는 사각지대가 있어서 고독한 성찰만으로는 자아 인식에 한계가 있다. 이때는 나의 맹점을 객관적으로 봐줄 타인이라는 거울이 필요하다. 신뢰할 만한 진실한 조언자가 필요하다는 뜻이다.

작가로 예를 들어보자. 작가는 혼자서 원고를 집필하지만, 책으로 출간되기에 적합한 최종 원고를 완성하려면 반드시 편집자의 손길이 필요하다. 작가도 사람인지라 글을 쓰는 동안 자칫 객관성을 잃고 '이런 방향이 옳다'라고 합리화하며 글을 쓸 수 있기 때문이다. 편집자는 타인의 시선에서 객관적으로 원고를 바라봄으로써 작가가 집필하는 동안 혼자서는 미처 보지 못했던 원고의 사각지대를 발견한다. 작가와 편집자는 경쟁 관계가 아니라 한배를 탄 동료로서 글이 더욱 빛날 수 있도록 서로 돕는다. 즉 작가의 글이 완성도 높게 다듬어져서 많은 독자에게 읽히기 위해서는 편집자라는 존재가 필수다. 이처럼 완벽하지 않은 우리 곁에는 서로 신뢰하며 이득을 줄 수 있는 조언자가 필요한 것이다.

진정한 긍정이 우리를 구할 것이다

그렇다고 해서 조언자에게만 전적으로 의존하라는 말은 아니다. 무엇보다 스스로 판단력을 갈고닦는 게 제일 중요하다. 만약 내가 원치 않은 어떤 상황이 발생하여 고통을 느끼고 있다면, 혹시 내가 지금 괴로움을 덜어내고자 합리화를 시도하려는 건 아닌지 스스로 돌아볼 수 있어야 한다. 이렇게 자각만 해도 문제 해결의 가능성이 보인다.

사람은 누구나 어느 정도 합리화를 하면서 자아를 보호하려는 경향이 있지만, 그 정도가 너무 지나치면 본인에게 이로울 게 없다. 마음은 잠시 편해지겠지만, 판단력을 잃고 잘못된 결정을 고칠 기회를 영영 놓치기 때문이다. 합리화의 결과로 계속 실수를 반복하게 된다. 시간이 흐를수록 문제가 쌓여 점점 심각해질 테니, 삶은 정체되는 수준을 넘어서 퇴보하고 말 것이다. 그러므로 일찌감치 긍정을 장착하는 것이 나에게 이롭다. 참된 긍정에는 인생의 문제들을 해결할 수 있다는 대체 불가능한 이점이 있는데, 이를 굳이 놓아버릴 이유는 없지 않은가. 우리가 현실을 있는 그대로 긍정하면, 명확한 판단력으로 문제를 제대로 파악하고 해결할 기회를 얻을 수 있다.

누구나 자기합리화를 하고 싶은 유혹에 사로잡힐 때가 있기 마련이다. 못한 것을 안 한 것뿐이라고 합리화하거나, 원치 않았던 상황에 부닥쳤을 때 실은 처음부터 이걸 원했다고 말하고 싶을 수 있다. 그럴 때 부디 판단력을 잃지 않고, 현실을 정직하게 마주하며 긍정할 수 있길 바란다. 진정한 긍정은 우리 삶을 가장 건강한 방향으로 이끌어준다. 만약 합리화의 유혹을 뿌리치고 진실을 마주할 용기를 냈다면, 그런 자신을 충분히 칭찬하며 자랑스럽게 여겨도 좋다. 덕분에 나는 앞으로 얼마나 더 괜찮은 사람이 될 것인가!

정말 갖고 싶다면
버릴 수 있어야 한다

한 번쯤 누군가를 직접 짝사랑해본 사람들은 잘 알 것이다. 대부분의 짝사랑은 실패할 가능성이 크다. 왜 그럴까? 여러 가지 이유가 있겠지만, 대체로 짝사랑하는 사람의 정신적인 문제 때문이다. 짝사랑은 말 그대로 상대방의 마음과 상관없이 혼자 좋아하는 마음을 키우는 상태다.

상대는 나에게 관심이 없는데 나만 일방적으로 상대를 원하고 있다면, 결국 나보다 상대의 가치가 더 높아 보이게 된다. 이때의 나는 자연스럽게 을이 될 수밖에 없다. 상대의 눈치를 보면서 반응만 살피고, 상대의 사소한 말과 행동에 혼자 온갖 의미를 부여하면서 일희일비하는 그런 존재 말이다. 게다가 나는 상대 말고는 다른 사람에겐 관심이 없다(바람둥이나 다자연애주의자처럼 두 사람 이상을 동시에 사랑하는 예외적인 경우는 논외로 하자). 바로 이 부분이 내 정서에 치명적이다. 나에게는 상대방 말고는 갈 곳이 없기 때문이다. 결국 짝사랑을 하기로 선택한 그 순간부터 스스로 족쇄를 채운 죄수가 되는 꼴이다.

짝사랑처럼 관계의 추가 처음부터 완전히 한쪽으로 기운 상태에서는 균형을 맞추기가 여간 쉽지 않다. 내 안에 숨겨진 매력을 상대가 발견해서 나를 가치 있는 존재로 여겨야 하는데, 이런 일이 어느 날 갑자기 일어나기는 어렵다. 물론 한쪽이 전략적으로 아주 많은 노력을 기울이면 짝사랑이 이뤄지기도 하지만, 대부분의 짝사랑은 그만한 노력을 해보기도 전에 흐지부지되거나 나름대로 용기 내어 고백했다가 대차게 차이는 걸로 끝난다.

짝사랑은 내가 좋아하는 상대를 소유하고 싶다는 일종의 성적 욕망이다. 그토록 갖고 싶었건만 끝내 가지지 못할 가능성이 큰 일방향의 마음이다. 이런 짝사랑에는 삶의 이치가 담겨 있다. 간절히 원하고 생생하게 상상하면 온 우주가 나를 도와준다는 이른바 '끌어당김의 법칙'과는 완전히 정반대의 상황이 펼쳐졌던 경험이 누구나 있지 않은가? 사람이든 상황이든, 무언가에 강하게 집착할수록 도리어 멀어졌던 경험이 누구나 한 번쯤은 있을 것이다. 왜 그런 일이 발생하는 걸까?

여기서 우리는 집착과 소망의 차이를 구분해야 한다. 소망이 어떤 일을 바라는 순수한 마음이라면, 집착은 어떤 것에 온통 신경이 쏠려 매달리는 상태다. 내가 간절히 소망하는 바를 무의식에 깊숙이 새겨넣어 내면화하는 작업은 실제로 원하는 결과를 얻는 데 도움이 될 수 있다. 그러나 소망을 넘어서 집착이 되면, 도리어 역효과를 낳아 내가 집착하는 대상이 나에게서 영영 멀어질 수 있다. 이것은 특히 인간관계에서는 거의 예외 없이 통하는 원칙이다. 나에게 끊임없이 매달리고 집착하는 상대에게 좋은 마음을 가질 수 있는 사람은 세상에 없기 때문이다. 정상적인 사람이라면 누구나 부담스럽고 질려서 상대를 떠나고 말 것이다.

한편 너무나 간절히 원했지만 어떤 계기로 인해 마음을 내려놓았더니 비로소 그것을 소유하게 된 경험도 있을 것이다. 예를 들어 짝사랑하는 티를 적극적으로 냈을 때는 상대가 나를 부담스러워하며 멀리했는데, 정작 내가 다른 이성과 연애를 시작하면서 관심을 거두자 그제야 그 사람이 나에게 관심과 호감을 보이는 경우다.

이것이 인생의 아이러니다. 세상일은 내가 다가가면 멀어지고, 반대로 멀어지면 나에게 다가오는 얄궂은 속성을 지녔다. 이러한 삶의 이치를 간파했던 쇼펜하우어는 남자든 여자든 관계없이 혼자서도 잘 지낼 수 있다는 사실을 때때로 상대방이 느끼게 해주어야 우정이 돈독해진다고 했다. 덧붙여 어떤 사람이 나에게 매우 소중하다면, 마치 범죄를 저지를 때처럼 그런 사실을 상대에게 숨길 필요가 있다고 조언한다.

그러므로 지금 당장 원하는 것을 손에 넣지 못했다고 해서 혼자 속을 태우며 너무 안달내지 않았으면 한다. 그럴수록 원하는 것으로부터 점점 멀어질 뿐이니까. 가급적 평정심을 빨리 되찾아 무관심해질 필요가 있다. 요컨대 무언가를 정말로 갖고 싶다면 그토록 원하는 걸 '버릴 수 있는 용기'부터 가져야 한다. 너무나 갖고 싶은 그것을 설령 내가 갖지 못하더라도 내 삶에 전혀 영향을 주지 않는다는 의연한 마음이 있을 때 진정으로 그것을 소유할 자격이 생기는 것이다. 그래야 결국 원하는 것을 손에 쥘 수 있다.

선한 말을 해야 하는
과학적인 이유

언젠가부터 남녀를 구분하지 않고 '예쁜 말을 하는 사람'을 이상형으로 꼽는 사람들이 부쩍 늘었다. 내 주변에도 말을 예쁘게 하는 사람들이 있다. 추측건대, 그들은 BIG 5 성격검사에서 '우호성 Agreeableness'이 높게 나오는 공감 능력이 뛰어난 사람일 것이다. 아니면 후천적으로 화술을 기르기 위해 부단히 노력한 사람이거나. 예쁜 말이란 단순히 예쁜 단어를 골라서 쓰는 말이 아니라 상대를 배려함으로써 기분을 좋게 해주는 말이다. 시커먼 속내가 뻔히 보이는 번지르르한 멘트가 아니라면, 내 기분을 좋게 해주는 말을 굳이 싫어할 사람은 없을 것이다. 하지만 예쁜 말이라는 것도 주관적인 개념이라서 시대나 상황, 문화권, 그리고 개인에 따라서는 진심이 결여된 가식적인 말처럼 들릴 가능성도 있다.

　시대의 유행과는 별개로, 나는 개인적으로 '예쁜 말'이라는 표현보다 '선한 말'이라는 담백한 표현을 좋아한다. 얼핏 비슷해 보이는 두 가지 말에는 미묘한 어감 차이가 있다. 상대를 너무 의식해서 꾸며낸 듯하게 들릴 수도 있는 형용사 '예쁜'과 달리, '선한'이라는 단어에는 진실하다는 뉘앙스가 담겨 있다. 노자도 "진실한 말은 화려하지 않고, 번지르르한 말은 믿음직스럽지 않다. 마음과 일치한 말은 거칠어서 아름답지 않고, 아름다운 말은 마음과 어긋나 있다"라고 하지 않았는가.

　선하다는 것은 숨겨진 악의나 가식이 없고, 타인과 자기 자신에게 진실하며 올바르다는 의미다. 이런 맥락에서는 건전한 비판도 진실하며 올바르기에 선한 말이 될 수 있다. 이것이 내가 '예쁜 말'보다 '선한 말'이라는 표현을 더 선호하는 이유다.

　그렇다면 선하게 말해야 하는 이유는 뭘까? 단지 타인의 기분을 좋게 해주고, 좋은 사람이라는 인정을 받기 위해서? 그것도 하나의 이유겠지만, 더 근본적인 이유가 있다. 인간은 사회적 동물이다. 연구에 따르면, 사람은 친밀한 사람들과 함께 어울릴 때 더 건강하게 오래 사는 반면, 원치 않게 고립되어 장기간 외로움을 느끼면 쉽게 병에 걸리고 일찍 죽을 가능성이 크다. 그렇다면 사회적 동물인 인간은 무엇으로 다른 사람들과 연결되어 협력을 도모할까?

사회성을 이루는 기본은 바로 '말'이다. 심리학 및 신경과학 분야의 권위자로 논문 인용 건수 상위 1퍼센트에 속하는 신경과학자인 리사 펠트먼 배럿Lisa Feldman Barrett 교수의 말을 들어보자.

배럿 교수는 저서《이토록 뜻밖의 뇌과학》에서 타인의 말은 당신의 뇌 활동과 신체 계통에 직접 영향을 끼치고, 당신의 말 역시 타인에게 똑같은 영향을 끼친다고 설명한다. 이를테면 우리는 일터에서 고된 노동을 마치고 집으로 돌아왔을 때, 사랑하는 사람이나 친한 친구의 따뜻한 말 한마디에 모든 피로가 풀리는 것 같은 기분을 느낀다. 하지만 스토커처럼 불쾌한 사람에게서 집착하는 말을 들으면, 마치 손톱으로 칠판을 긁는 소리를 들은 것처럼 온몸에 소름이 끼치면서 나쁜 기분이 올라온다. 이처럼 타인의 말은 나의 몸과 마음에 영향을 끼친다.

'말의 힘'은 은유가 아니라 실제로 인간 뇌의 배선에 존재하는 것이고, 말은 인체를 조절하는 도구라고 배럿 교수는 덧붙인다. '말 한마디에 천 냥 빚도 갚는다'라는 속담처럼 말의 힘은 실로 강력하다. 사람은 누구나 한때 미숙한 존재이다 보니, 살면서 말을 잘못해서 손해 봤던 경험이 있을 것이다. 반대로 말 한마디 덕분에 천 냥 빚을 갚고 적을 친구로 만들었던 경험도 있을 것이다. 타인의 말은 나의 뇌와 신체에, 그리고 나의 말은 타인의 뇌와 신체에 영향을 미치기 때문이다.

심지어 말은 시간과 공간의 제약을 훌쩍 뛰어넘는다. 낮밤이 반대인 국가에서 유학 중인 연인과 장거리 연애를 하는 상황을 떠올려보자. 비행기로만 열 시간 넘게 걸리는 아주 먼 거리임에도 연인 사이의 말은 마치 옆에 있는 것처럼 서로에게 영향을 끼친다. 서로를 만질 수도, 만날 수도 없지만 영상 통화 한 통 덕분에 새삼 삶의 의미를 느낄 만큼 애틋해지는 게 사랑하는 사람들 사이의 마음이다.

한편 다른 시대의 인물에게서도 말의 힘을 느낄 수 있다. 이미 수 세기 전에 죽은 사람이 쓴 책을 읽고 깊은 감명을 받았던 경우가 그렇다. 나 역시 19세기 독일에 살았던 철학자 니체가 시공간을 뛰어넘는 정신적 친구처럼 느껴진 적이 있었다. 내 방식대로 삶의 가치관과 철학을 정립해가던 도중에 뒤늦게 우연히 그의 사상을 접하고, 내 생각과 비슷한 부분이 많아서 반가웠던 기억이 있다. 생각하면 참으로 기적

같다. 니체는 살아 있을 때 대중들의 철저한 무관심 속에서, 책을 내줄 출판사도 찾지 못해《차라투스트라는 이렇게 말했다》를 자비로 겨우 40부만 출간했다. 하지만 니체의 말은 100여 년이라는 시간을 훌쩍 뛰어넘어 21세기 대한민국에 살고 있는 우리에게까지 깊은 영향을 미치고 있다.

이처럼 사람들은 말로 서로의 몸과 마음에 지대한 영향을 끼친다. 그래서 타인에게 선하게 말해야 하는 것이다. 이것은 단순히 상대의 비위를 맞춰줌으로써 인정을 받기 위함이 아니라 근본적으로 서로의 삶에 가장 혜택을 주는 방식이다. 사회적 동물인 인간이 건강한 몸과 마음으로 계속 번성하기 위해서는 다른 사람과의 협력이 필요하다. 그리고 이때 선한 말을 나눔으로써 공존할 수 있다. 선한 말을 하는 건 내 영혼을 이롭게 하는 동시에 타인도 돕는 것이므로, 결국 세상 전체를 더 낫게 만드는 일이다. 따라서 건강한 세상에서 건강한 마음으로 살고 싶다면, 지금 이 순간 곁에 있는 누군가에게 진심을 담은 선한 말을 건네보자.

3장

평생 함께할 사람을
알아볼 수 있다면

사람의 본질과
관계의 진실

　　인간은 언뜻 단순해 보이면서도 복잡다단한 존재다. 이기적이면서도 동시에 개인의 이익을 초월해 집단의 일원이 되고자 하고, 거짓을 싫어한다면서도 '선의'나 '하얀'이라는 수식어를 붙여가면서까지 거짓말을 하고, 진정성이 중요하다고 강조하면서도 허구의 이야기를 꾸며낸 뒤 서로 믿으며 협력하는 모순적인 동물이다.

　사람들은 겉과 속이 다른 인간을 경멸한다고 말하지만, 사람은 겉과 속이 어느 정도 다를 수밖에 없다. 그 누구도 자신의 '진짜 속', 즉 인간 정신의 90퍼센트를 차지하는 무의식의 세계를 온전히 알 수 없기 때문이다. 나도 내 속을 정확히 모르는데, 무슨 수로 겉과 속을 일치시킬 수 있을까? 만약 누군가가 자기는 겉과 속이 완벽히 똑같다고 주장한다면, 그건 자신의 진짜 속내를 모르는 데다가 자기가 무엇을 모르는지조차 모르기 때문에 할 수 있는, 스스로를 속이는 말에 불과하다. 다니엘 핑크Daniel Pink는《다니엘 핑크 후회의 재발견》에서 이런 자기기만적 표현을 두고서, 그들의 진정성을 의심하진 말고 다만 그들을 자신의 연기에 너무나 몰입한 나머지 그 역할을 진짜라고 믿기 시작한 배우라고 생각하라고 말하기도 했다.

보통 사람들은 일관성을 추구하면서 한결같은 모습을 보여주는 사람을 신뢰하지만, 아이러니하게도 늘 일관된 단면만을 보이는 행동은 인간의 본성과는 거리가 있다. '일관성 전시'는 생존을 위한 일종의 가면이다. 말콤 글래드웰Malcolm Gladwell은《티핑 포인트》에서 정직성 같은 성격적 측면은 항상 똑같은 절대적인 특성이 아니며 상황에 상당한 영향을 받는다고 말한다. 많은 사람이 인간의 성격을 변하지 않는 특성으로 여기는 건 인간 뇌 구조의 작은 결함 때문이라는 것이다. 개인의 성격이 환경과 상황, 맥락에 따라 달라지는 데도 불구하고 일관되게 보이는 이유는, 인간이 자신의 환경을 매우 능숙하게 통제하고 있기 때문이다.

가끔 성선설과 성악설 중에서 무엇을 믿냐고 묻는 사람이 있다. 인간을 포함한 우주의 모든 존재는 본질적으로 중립적이다. 선악이라는 개념은 사회적 동물인 인간들이 필요에 따라 발명한 것이다(엄밀히 말해서 선악을 비롯한 도덕 개념은 후천적으로 학습해야 하는 것이지만, 인간의 뇌는 선천적으로 도덕적인 감정을 느끼고 이해할 수 있도록 설계되었다). 사람을 죽이는 건 선행인가 악행인가? 대부분은 당연히 악행이라고 주장하겠지만, 살인조차도 상황에 따라 판단이 달라진다. 층간 소음에 시달리는 사람이 윗집 사람을 죽이는 건 '악'으로 규정하면서도, 군인이 전쟁터에서 적군을 살해하는 건 '선'으로 여기기도 한다. 과거에는 인간이 같은 인간을 가축처럼 부리는 노예 제도를 당연시했고, 여성은 남성보다 열등한 존재이기에 차별 대우하는 것을 마땅한 미덕처럼 여겼지만, 오늘날에는 그런 행위를 '악'으로 규정한다.

과거에는 자명한 진리였던 명제가 세월이 흐른 뒤에는 터무니없는 거짓으로 밝혀지기도 하듯이, 불과 100~200년 전만 해도 선으로 여겨지던 행위가 현대사회에서는 악으로 여겨지기도 하고, 반대의 경우도 부지기수다. 이처럼 선악에 대한 인간의 판단은 결코 고정불변하지 않으며, 시대와 상황, 문화에 따라 달라질 수 있다(그럼에도 '선과 악'이라는 인류의 발명품을 나는 존중한다).

요컨대 우리는 자신이 원하는 모습과는 조금 다르게 생

긴 동물이다. 겉과 속이 투명하게 일치하지 않고 약간씩 다른 데다가, 늘 한결같지 않고 변화한다. 그래서 겉으로 드러나는 태도만 보고 '선한 사람과 악한 사람'을 성급하게 단정 짓는 건 오류를 범할 가능성이 크다. 바깥에서는 평판 관리를 위해 식당 종업원이나 부하 직원을 배려하면서도 잘 보일 필요가 없는 가족에게는 모욕적인 막말을 할 수도 있는 게 인간이다. 그렇다면 이런 특징을 지닌 우리는 어떤 태도로 관계를 맺어야 할까? 다음에서 설명하는 관계의 다섯 가지 진실을 가슴에 새겨둔다면, 나와 상대 모두 '윈윈'할 수 있는 건강한 관계를 이어가는 데 도움이 될 것이다.

1. 관계의 모양은 시간이 흐르면서 변화한다

영화 〈봄날은 간다〉에는 "사랑이 어떻게 변하니?"라는 명대사가 나온다. 사랑이 변했다면 이렇게 반문할 게 아니라 '사랑이니까 변했구나' 하고 받아들이는 게 좋다. 사랑은 곧 마음이고, 모든 마음은 시간이 흐르면서 달라진다. 사람들은 늘 한결같은 관계를 이상화하지만, 이는 역설적으로 영원불변한 관계란 현실에서 거의 불가능하기 때문에 나온 이야기다. 앞서 말한 것처럼 인간 자체가 유동적이며 입체적인 존재다. 사람이 변하듯 관계의 모양도 시간이 흐르면서 긍정적이든 부정적이든 결국 바뀔 수밖에 없다. 이러한 진실을 의연하게 받아들여야 한다. 그래야 변화하는 관계에 당황하거나 불안해하지 않고 자신의 삶을 굳건히 지켜낼 수 있다. 물론 관계의 모양이 달라진다고 해서 내 쪽에서 신의를 쉽게 저버려도 된다고 오해해선 안 된다. 늘 신의는 지키되, 세월에 따라 변화하는 관계의 양상에 유연하게 대응하라는 것이다.

2. 사람에 대한 지나친 기대는 나에게 해롭다

상대도 내 마음과 같길 바라거나, 상대가 내 모든 걸 포용해주길 바라는 마음이 있다면 그건 나만의 욕심일 뿐이다. 현실에서 그런 일은 일어나지 않는다고 생각하는 게 정신건강에 이롭다. 만약 상대가 내 기대만큼 혹은 그 이상으로 나를 기쁘게 해준다면 그건 감사하고 보답할 일이지, 당연하게 생각해선 곤란하다. 사람에 대한 지나친 기대는 내려놓는 게 좋다는 얘기다. 그렇다고 해서 사람을 싫어하거나 함부로 대하라는 뜻은 아니다. 타인에 대한 기대가 크면 별일 아닌 것에도 불만을 늘어놓다가 관계를 망치기 쉽지만, 타인에 대한 기대를 내려놓으면 상대의 작은 호의나 은혜를 진심으로 감사하게 여기므로 건강한 관계를 잘 유지할 수 있다.

3. '거리 두기'를 잘해야 건강한 관계를 유지한다

인간관계에서 배려나 신뢰보다 더 중요한 건 거리 두기다. 가족이나 부부처럼 서로 믿음이 큰 관계일지라도 적절한 거리는 필요하다. 친밀한 관계에서는 대부분 거리 두기에 실패해서 갈등이 생긴다. 상대에 대한 과도한 관심과 열정 때문에 관계의 거리를 너무 좁히는 바람에 문제가 생길 가능성이 크다. 가까운 거리에서 서로의 진심을 나누게 되었다면, 때로는 적당한 거리를 두고 각자의 삶을 따로 누리는 시간도 필요하다. '나와 너 사이'의 균형을 잘 맞춰야 건강한 관계를 오래 유지할 수 있다.

4. 관계의 기본은 '기브 앤드 테이크'

모든 관계의 기본적인 규칙은 주고받는 것이다. 물질적 이득이든 정서적 이득이든 서로가 무언가를 함께 나눌 수 있다는 신뢰가 형성되어야 관계는 유지된다. 여기서는 '테이크 앤드 기브'가 아니라 '기브 앤드 테이크'임을 명심해야 한다. 관계에서 상대에게 받는 것보다 내가 주는 게 먼저라는 얘기다. 내가 먼저 받고 난 뒤 상대에게 베푸는 행동은 '대가'일 뿐이지만, 상대에게 받기 전에 먼저 베푸는 행동은 '호의'다. 연애든 비즈니스든 그 어떤 관계도 예외 없이 일단 내가 상대에게 줄 게 있어야 하고, 이를 먼저 줄 수 있어야 한다. 좋은 정보를 제공해 문제를 해결해주거나 필요한 인맥을 소개해주는 식으로 생존과 번식에 직접적인 이득을 줄 수도 있을 것이다. 하지만 그런 게 아니더라도 호감 가는 따뜻한 말과 친절한 행동으로 상대를 기분 좋게 만들어주거나 따뜻한 진심을 나누는 것도 좋은 방법이다.

어쩌면 아직 줄 수 있는 게 없거나 받는 데에만 익숙한 테이커들은 기브 앤드 테이크가 야속하고 불편하게 느껴질 것이다. 하지만 그들의 반대편에 있는 사람들이 언제든 그 관계를 끊을 수도 있음을 명심해야 한다.

5. 내 안에 타인을 신뢰하는 힘이 있어야 한다

인류가 멸종하지 않고 세상이 지금처럼 굴러갈 수 있는 이유는 사람들 사이에 기본적인 신뢰가 있기 때문이다. 예컨대 우리가 식당에서 음식을 사 먹을 수 있는 건 적어도 식당 주인이 음식에 독극물 따위를 넣지 않았을 것이라는 믿음이 있어서다. 의사가 처방한 대로 약을 먹고, 전신마취를 한 채 수술받을 수 있는 것도 의사를 신뢰하기 때문이다. 만일 타인에 대한 신뢰가 전혀 없이 의심만 가득하다면 세상은 정상적으로 돌아갈 수 없다.

우리는 타인을 보면서 상대가 믿을 만한 사람인지에 대해 생각한다. 하지만 그보다 더 중요한 것은 내 안에 사람을 신뢰할 수 있는 능력이 얼마나 있는지다. 이런 능력이 턱없이 부족한 사람들은 상대가 누가 됐든 부지불식간에 버림받거나 공격받을지도 모른다는 불안과 두려움을 늘 안고 살아간다. 이것은 단순히 상대방이 신뢰를 주지 않아서 생기는 문제가 아니라 나에게 사람을 신뢰하는 힘이 부족한 것이다. 타인을 맹신하며 지나치게 의존하는 것도 문제지만, 편집증적으로 의심하는 것도 자신에게 해롭다. 합리적인 의심과 건강한 신뢰 사이에서 균형을 잘 유지하는 것이 중요하다.

지나치게 감정적인 사람과
함께할 수 있을까?

나는 감정에 대한 고정관념이나 편견이 없는 편이다. 설령 마주하기 싫은 부정적인 감정일지라도 무턱대고 억누르거나 통제하기보다는 그런 감정이 나에게 보내는 신호를 왜곡 없이 현명하게 활용할 수 있어야 한다고 생각한다. 나만의 생각은 아니다. 지난 세기까지 인류가 간과해온 감정의 중요성을 발견한 세계적인 심리학자들이 있다. 스톡홀름 대학교 철학과 교수인 오사 빅포르스는《진실의 조건》에서 감정이야말로 삶에 목적과 의미를 부여하는 것이라고 주장한다. 감정이 동기의 기초가 되고 행동에 목적을 제공하기 때문이다.

빅포르스 교수의 설명이 낯설다면, 감정에 대한 우리의 편견이 그만큼 강하다는 방증일 것이다. 사람들은 편의상 감정을 긍정적인 것과 부정적인 것으로 구분하지만, 인간의 감정에는 옳고 그름이 없다. 기쁨이나 즐거움, 행복감은 좋은 감정이고, 열등감, 우월감, 수치심, 질투심과 같은 감정은 부정하고 억눌러야 하는 나쁜 감정이 아니라는 얘기다. 어떤 감정이든 다 느껴도 좋다고 스스로에게 허락해야 한다.

그렇지만 특정 감정에 일상이 마비될 정도로 완전히 매몰된다거나 내 감정을 남들 앞에서 무분별하게 표현하는 건 다른 차원의 문제다. 감정을 외면하지 않고 오롯이 잘 느끼더라도 감정 표현만큼은 상황과 맥락에 맞게 절제해야 한다. 특히 나와 의미 있는 관계를 맺고 있는 상대방을 불쾌하게 만들 만한 감정이라면 더 그렇다. 이걸 제대로 못하면 타인을 감정 쓰레기통 취급하는 무례한 사람으로 전락하게 된다. 요컨대 내 감정을 스스로 책임지며 타인과 공유하는 태도는 건강하지만, 타인에게 함부로 내 감정을 무책임하게 던져버리는 건 옳지 못하다.

자신의 감정을 무절제하게 표출하는 사람을 흔히 '감정적인 사람' 내지는 '과민한 사람'이라고 부른다. 이를 '감성적인 사람'과 혼동하지 않아야 한다. 감정적인 것과 감성적인 건 다르다. '감정'이 외부 자극에 수동적이고 즉각적으로 반응하는 것이라면, '감성'은 주변을 섬세하게 느끼고 창조적으로 표현하는 특성이다. 그러므로 '감정적'이란 감정을 조절하지 못하고 기복이 심하다는 의미지만, '감성적'이란 주위 사물을 섬세하게 느끼고 세심하게 표현할 줄 안다는 뜻이다. 감성이 풍부하고 공감 능력이 좋은 사람은 매력적이고 사랑스럽다. 반면 지나치게 감정적인 사람은 불쾌하고 불편하다. 나를 감정 쓰레기통으로 만드는 이기적이고 충동적이고 무례한 사람을 그 누가 좋아할까. 그들 역시 자신과 똑같은 부류의 사람과 깊이 엮이면 틀림없이 동족 혐오를 할 것이다.

미국의 작가 로버트 그린Robert Greene은 이런 성향을 가진 사람을 '반유혹자'라고 칭했는데, 한마디로 매력도 없을뿐더러 비호감만 사는 사람을 말한다. 반유혹자들은 내면의 불안감이 매우 심해서 상대의 모든 말과 행동이 자신을 향한 것이라고 생각하며 예민하게 반응한다. 이들은 본인의 감정과 기분이 곧 객관적인 현실이자 진실이라고 믿는다. 이런 상태가 더 심해지면 관계망상이나 피해망상이 될 수도 있다. 감정이 주는 이점을 하나도 활용하지 못한 채 그저 자신의 변덕스러운 기분에 따라 현실을 왜곡하면서 서서히 스스로를 파멸로 이끄는 것이다.

아주대학교 심리학과 김경일 교수는 책《김경일의 지혜

로운 인간생활》에서 지나치게 감정적인 사람들은 '마음의 눈금'이 일반인에 비해 적다고 표현했다. 일반적인 성인들은 마음의 눈금을 보통 일곱 개 정도 가졌다고 한다. '좋다'라는 감정을 예로 들면, '매우 좋다'와 '대체로 좋다' 등 감정이 세분되어 있다. 그런데 지나치게 감정적인 사람들은 눈금이 '좋다'와 '싫다'로 딱 두 개밖에 없다는 것이다. 뇌의 전두엽이 미성숙한 10대들과 마찬가지다. 그렇기 때문에 청소년이나 어린아이들이 충동적인 감정에 휘둘려서 종종 무책임한 행동을 하는 것도 이런 이유다.

청소년들은 발달 단계에 있으므로 병리적이고 반사회적인 수준이 아니라면 이런 문제를 이해할 수 있지만, 성인이 되어서도 마음의 눈금을 세분화하지 못한 사람들은 더 이상 면죄부를 받기 힘들다. 자신의 마음을 미성숙한 상태로 방치한 책임을 이젠 스스로 짊어져야 하는 나이이기 때문이다. 자신도 감정적인 삶이 피곤하겠지만, 주변 사람들은 더 큰 피해를 본다. 스물, 서른, 마흔이 넘고 쉰이 되어서까지도 허구한 날 징징거리는 나잇값 못하는 늙은 아이를 조건 없이 포용해줄 사람은 세상에 없다.

마음의 눈금이 촘촘하게 자리 잡은 성숙한 사람이라면, 지나치게 과민하고 감정적인 사람들과도 적당한 선을 유지하며 지혜롭게 공존할 수 있을지도 모르겠다. 그러나 피할 수만 있다면 애초에 그런 사람들과는 깊은 관계를 맺지 않고 피하는 게 현명하다. 로버트 그린도 이런 사람들에게 화를 내거나 감정적으로 반응할수록 그들의 반유혹적인 행동을 더욱 부채질할 뿐이니 적당히 거리를 두고 무관심해지는 것이 상책이라고 말했다. 무엇보다도 우리 역시 다른 누군가에게 예민하게 굴거나 감정을 무절제하게 표현하는 반유혹자가 되지 않도록 항상 스스로를 잘 돌보아야 한다. 누구나 어릴 때는 미성숙한 존재일 수밖에 없다. 그러니 나이를 먹어가면서 마음의 눈금이 촘촘해져가는 성숙한 사람이 될 수 있도록 자기 자신을 돌아보며 항상 격려해주어야 한다.

당장 손절해야 하는 사람의
6가지 특징

적당히 거리가 있는 사이에서는 '착한 가면'을 쓰고 있어서 마냥 좋은 사람처럼 보이지만, 가족처럼 가까운 사이나 약자 앞에서는 잔인할 정도로 이기적인 모습을 보이는 사람들이 있다. 이들은 대개 나르시시스트나 소시오패스인 경우가 많다. 한 번뿐인 소중한 인생에서 이런 사람들과 잘못 엮이면, 바닥을 치고 패가망신할 수도 있다.

조던 피터슨은 《질서 너머》에서 '악에 대한 이해'는 우리를 악으로부터 지켜준다고 말했다. 악을 이해하지 못하거나 이해하려 들지 않는 정도에 비례해서 악한 사람들이 우리를 지배한다는 것이다. 따라서 우리는 소중한 삶을 지키기 위해, 악인의 실체를 꿰뚫어 볼 수 있는 지혜와 더불어 이들을 끊어내는 단호한 마음을 길러야 한다. 딱 봐도 미성숙하고

못된 사람들이라면 누구든 쉽게 끊어낼 것이므로, 여기서는 언뜻 좋은 사람처럼 보이지만 사실은 굉장히 유해한 자들의 특징을 알아보자. 아래와 같은 여섯 가지 특징을 지닌 사람을 발견한다면 가깝지 않은 거리에서 시간을 두고 지켜보되, 아니다 싶을 때는 확실하게 선을 긋는 게 정신건강에 이롭다.

1. 관계 초반에 지나친 애정 공세를 퍼붓는 사람

새로 알게 된 지인이나 이제 막 썸을 타고 연애를 시작한 사이에서 '러브바밍love-bombing'을 시도하는 사람은 반드시 주의해야 한다. 이는 말 그대로 사랑의 융단폭격을 퍼붓는 말과 행동으로, 특히 나르시시스트가 관계 초반에 상대를 사로잡기 위해 벌이는 지나친 애정 공세를 뜻한다. 나르시시스트는 연인 관계뿐만 아니라 이제 막 알게 된 친구나 지인에게도 과도한 칭찬(아첨)과 관심을 주는 식으로 상대의 마음을 사로잡으려고 한다.

그들은 왜 이런 행동을 하는 걸까? 정신과 전문의는 나르시시스트의 러브바밍은 자기 과대성을 유지하기 위한 방어 수단이라고 말한다. 나르시시스트의 내면에는 무능감과 열등감, 부적절감이 자리 잡고 있는데, 이런 불쾌한 느낌에서 벗어나기 위해 그들은 겉으로 자신을 과대하게 포장한다. 무엇보다 자신이 맺고 있는 관계가 완벽하다고 느낌으로써 그 관계에 속한 자기 자신 역시 완벽하다고 느끼려고 한다. 그래서 나르시시스트들은 항상 '잘나간다'고 생각하는 주변 지인들을 공개적으로 자랑한다. 그렇게 인맥을 자랑하면 본인의 가치 역시 상승하는 것 같은 느낌을 받기 때문이다.

러브바밍의 문제는 유효기간이 명백히 존재한다는 점이다. 상대방이 과도한 애정 공세에 속아 완전히 넘어왔다 싶으면, 정복감을 만끽한 나르시시스트는 더 이상 상대에게 예전과 같은 관심과 애정을 주지 않는다. 오히려 상대를 비하하고 경멸하는 언행을 일삼다가 결국 버리고 떠난다. 그리고 새로운 제물을 찾으면 예전과 같은 행동을 또다시 되풀이한다. 그러므로 관계 초반부터 나에게 러브바밍을 하는 사람이 있다면 쉽게 흔들리지 말고, 그에 대해 판단할 시간을 충분히 갖는 것이 현명하다.

2. 타인이 자신을 질투한다고 거듭 말하는 사람

투사projection란 본인이 받아들일 수 없는 욕망이나 감정, 잘못 등을 타인에게 덮어씌우는 방어기제다. 나르시시스트는 질투심과 시기심이 강하지만, 자신의 이런 특성을 절대로 인정하고 싶어 하지 않는다. 그래서 자신의 이런 부정적인 감정을 타인에게 투사해서 역으로 타인이 본인을 시기 또는 질투한다고 믿는다. 바로 이러한 방어기제 때문에 나르시시스트는 타인이 자신을 모함하고 해코지할 거라는 병적인 피해의식을 갖고 있다. 그러므로 남들이 자신을 질투한다고 말하는 게 입버릇인 사람이 있다면, 반드시 경계할 필요가 있다. 그런 말을 하는 사람이야말로 질투심과 시기심이 강한 나르시시스트일 가능성이 있다.

3. 착한 척하는 부정직한 사람

부정직한 사람들이 입만 열면 거짓말을 할 거라고 생각하면 오산이다. '진짜 사기꾼'들은 진정성 있는 이미지를 만드는 데만큼은 국가대표급 선수다. 생각해보라. 처음부터 사람들로부터 의심을 받는다면, 아무리 사기를 치고 싶어도 칠 수가 없지 않은가? 그래서 이들은 타인의 신뢰를 얻기 위해 먼저 진정성 있어 보이는 이미지를 철저하게 연출한다. 이를테면 과거 실패담, 가난, 질병 등 솔직해 보이는 모습을 꺼내놓으며 신뢰를 얻은 다음, 거짓말로 막대한 이득을 취하는 것이다. 실제로 선한 영향력의 아이콘으로 잘 알려진 사람이 뒤늦게 사기꾼으로 밝혀지는 사건도 종종 일어난다.

세상에는 정직하고 좋은 사람도 많다. 그러나 단순히 겉모습만으로 누군가를 좋은 사람이라고 속단하는 버릇만큼은 버려야 한다. 사기꾼들은 처음에는 하나같이 선량한 사람처럼 보인다는 사실을 명심하자.

4. 자신이 솔직하다는 말을 너무 자주 하는 사람

평소에 크고 작은 거짓말을 능청스럽게 잘하는 사람일수록 오히려 남들 앞에서 "솔직히 말해서…", "나 원래 솔직하잖아"와 같은 말을 이상할 정도로 남발한다. 정직하지 않은 사람은 진실성에 대한 역치가 낮아서 웬만한 거짓말 따위는 대수롭지 않게 여기다 보니, 자신이 솔직하다는 거짓말도 쉽게 한다.

확신에 찬 태도로 자신의 솔직함을 어필하는 사람들의 내면에는 깊은 불안감이 은폐되어 있다. '진실한 사람'과 '자기 말이 진실이라고 주장하는 사람'은 다르다는 사실을 기억해야 한다. 진실한 존재는 타인에게 자신의 솔직함을 전시하려는 욕망 없이 순수하게 말하고 행동한다. 조금의 거짓도 없이 정말로 진실하다면, '솔직하다'는 수식어로 자기 자신을 포장할 이유조차 없는 것이다.

5. 사람의 급을 나눠서 착취적인 관계를 맺는 사람

나르시시스트는 다른 사람과 관계를 맺을 때 인간적인 공감과 친밀감을 고려하지 않는다. 그들은 자신보다 더 많은 부와 명예, 권력을 가진 화려한 사람들을 보면서 부러워하고 그런 사람들과만 인맥을 맺으려고 한다. 다른 사람들을 볼 때 외적인 조건으로 소위 '급'을 나누는 경향이 있어서 강약약강의 태도가 매우 심하며, 진실하고 깊이 있는 관계를 맺지 못한 채 착취적이고 피상적인 관계만 맺는다. 또한 나르시시스트는 본인이 인간을 급을 매겨서 보기 때문에, 다른 사람들도 전부 다 그런 식으로 관계를 평가할 것이라고 으레 생각한다. 이것이 그들이 외적인 조건에 매우 집착하는 이유이기도 하다. 이런 사람들은 지금 당장 나에게 간이고 쓸개고 다 빼줄 것처럼 굴더라도 섣불리 믿어선 안 된다. 조금만 내 상황이 나빠지거나 본인의 급이 나보다 더 올라갔다고 확신하는 순간, 태도가 180도 달라질 가능성이 크기 때문이다.

6. 위로하는 척하면서 무기력을 주입하는 사람

김경일 교수는 소시오패스의 특징에 대해 이렇게 말했다. 타인의 공감 능력을 이용하는 능력이 탁월한 소시오패스들은 의외로 좋은 사람의 얼굴을 하고 있어서 매력적이고 평판도 좋을 가능성이 큰데, 특히 그들은 상대를 위로하는 척하면서 교묘하게 무기력을 주입하는 수법을 잘 쓴다. 가령 "봐, 너는 안 되잖아", "너는 이거랑 안 어울려"와 같은 말을 함부로 하는 식이다. 상대가 지금보다 더 성장해서 자신의 손아귀를 벗어나게 되는 상황을 막으려는 의도다. 그래야만 상대방을 자기 도구로 계속 이용할 수 있기 때문이다. 우리는 교묘하게 상황을 조작하면서 우리의 성장을 방해하는 소시오패스들을 알아볼 수 있어야 한다.

소시오패스를 다루는
태도과 기술

    인간은 동물이다. 그러다 보니 강약약강의 본성이 어느 정도는 존재할 수밖에 없다. 소시오패스는 이런 기질이 유독 심한 사람이다. 통계적으로 100명당 네 명꼴로 존재한다고 하니, 우리나라에만 무려 200만 명의 소시오패스가 존재하는 셈이다.

    악인을 연구하는 전문가들의 의견에 따르면, 소시오패스들은 악마 같은 모습을 하고 있는 게 아니라 의외로 '친절한 사람', '좋은 사람'의 얼굴을 하고 있을 가능성이 크다. 그래서 겉보기에 매력적이고 사교적으로 보이고 평판도 좋을 수 있다. 타인의 공감 능력을 이용하는 기술이 탁월해 착한 얼굴을 한 채로 타인의 동정심과 죄책감을 자극해 교활하게 이득을 취한다. 특히 상대를 자기 도구로 계속 이용하기 위해 자신의 손아귀를 절대 벗어나지 못하도록 상황을 조작하는 능력이 뛰어나다고 한다. 강약약강 성향이 유난히 심한 무례한 사람들과 소시오패스는 어디에나 있다. 그럼 이들과 잘못 엮였을 때 취할 수 있는 현실적인 대응은 무엇일까?

1. 일단 원인을 인정하고 대응법을 모색할 것

타인에게 무례하게 구는 이유는 간단하다. 상대방을 그렇게 해도 되는 '만만한 사람'으로 봤기 때문이다. 지위나 직업 같은 사회적 요소뿐만 아니라 체격, 외모, 공격성 같은 동물적인 요소까지 포함해 무의식적으로 '애는 나보다 약한 놈이구나'라고 판단한 것이다.

가령 공격성이 적고 체구가 작은 사람들에게 거리낌 없이 막말을 내뱉으며 분노 조절 장애를 앓고 있다 주장하는 무례한 사람 A가 있다고 치자. 만약 A에게 정말로 분노 조절 장애가 있다면, 그는 때와 장소를 가리지 않고 언제나 자기 멋대로 분노 발작을 해야 한다. 그러나 한 손에 칼을 쥐고 있는 신장 2미터, 체중 170킬로그램의 전직 종합격투기 선수 앞에서라면 어떨까? 장담하건대 A는 무례한 말을 내뱉지 못하고 감정 조절도 아주 잘하는 한 마리의 순한 양이 될 것이다.

동물의 세계에서 약한 개체는 강한 개체의 먹잇감일 뿐이다. 마찬가지로 인간도 더 많은 이득을 취하기 위해, 또는 자신의 힘을 과시하며 쾌감을 느끼기 위해 자기보다 약하고 만만한 개체를 괴롭힌다. 성인이 되어 전두엽이 성숙해지고 나면 조금 더 은밀한 방식으로 강약약강이 행해질 뿐, 동물적 본성이 갑자기 사라지지는 않는다. 세상의 절대 강자가 아닌 이상, 운이 나쁘면 누구나 예외 없이 이런 불미스러운 일을 당할 수 있다. 내가 상대에게 만만한 존재로 인식됐다는 사실을 먼저 인정해야 다음 스텝으로 나아갈 수 있다.

2. 무례한 사람과 관계 맺지 않을 용기를 낼 것

상대방이 조금 만만하다 싶으면 어떻게든 이용하려는 못된 사람들을 전부 소시오패스라고 단정 지을 수는 없다. 하지만 그들에게 소시오패스 기질이 어느 정도 있다는 건 절대 부정할 수 없다. 앞서 말했듯이, 소시오패스는 자기보다 급이 낮다고 생각하는 사람이 자기의 손아귀를 절대 벗어나지 못하도록 상황을 조종하는 데 능하다. 상대가 성장하지 못하게 만들어서 언제든지 편하게 이용하기 위함이다.

나에게 무례하게 구는 상대가 이런 부류라는 걸 확실히

알았다면, 더 이상 그에게 잘 보이려는 행동 따위는 하지 말자. 당장 관계를 끊을 순 없더라도 주도적으로 관계를 끝낼 수 있다는 용기를 가져야 한다. 그래야 상대의 논리에 휘말리지 않고, 중심을 잡을 수 있다. 이런 용기를 내기 위해서는 현실적으로 나에게 다른 선택지들이 많아야 한다. 그 사람과의 관계에만 목매는 상황이 벌어지지 않도록 평소에 느슨하고 다양한 인간관계를 만들어서 균형을 잡는 것이 바람직하다.

3. 서서히 멀어지되 공격성을 보여줄 것

나에게 무례하게 구는 모든 사람과 피 터지게 싸운 뒤 철천지원수가 될 필요는 없다. 그건 내게도 좋지 않은 행동이다. 처음부터 적이 되기보다는 일단 최대한 마찰을 줄이는 방향으로 대처하는 게 현명하다. 상대의 무례한 행동을 웃어넘기라는 소리가 아니다. 상대가 선을 넘었다 싶을 때는 그냥 넘어가지 말고 적절한 반응을 해줘야 한다. 가령 무례한 언행을 했을 때 맞받아치거나 말의 의도를 그 자리에서 바로 묻는 것이다. 내가 가진 공격성을 보여주는 게 핵심이다. 상대방이 '생각보다 만만한 놈이 아니었네? 이대로는 쉽지 않겠는데'라고 뼛속 깊이 느낄 수 있도록 해줘야 한다.

여기서 우리는 갈림길 앞에 서게 된다. 첫째, 상대가 내 말귀를 알아듣고 더 이상 선을 넘지 않는다면 적당한 거리를 두고 지내면서 마찰을 최소화하거나 연락을 줄이면서 서서히 멀어지면 된다. 문제는 두 번째인데, 상대가 내 말귀를 끝내 못 알아듣고 계속해서 무례하게 굴거나 현실적으로 당장 멀어질 수 없는 상황이라면 어떻게 해야 할까?

4. 최후에는 단호하게 대응할 것

최대한 마찰을 줄이기 위해 노력했지만 성과가 없다면 이제는 한층 더 단호하게 대응할 필요가 있다. 다시 말하지만 인간은 동물이다. 그리고 무례한 사람들은 동물적인 본성이 유난히 강하다. 그들 앞에서 내가 반항조차 못하고 죽는 초식동물이 아니라, 끝까지 물고 뜯고 싸워서 상대를 죽일 수도 있는 육식동물임을 확실히 보여줘야 한다. 원초적인 공포와 위압감을 상대가 분명히 느끼게 만들어야 하는 것이다. 마치 무력을 행사하는 것만큼 강한 기백을 상대에게 보여줄 수 있어야 한다.

평소에는 온화하더라도 화를 내야 하는 순간에는 불같이 화를 낼 수도 있어야 하는 법이다. 이때는 분노라는 감정에 휘둘려 함부로 화를 뱉어선 안 되며 내 목적을 이루기 위한 수단이자 도구로써만 지혜롭게 이용해야 한다. 어떤 사람들은 분노와 같은 감정은 무조건 억눌러야만 하는 나쁜 것으로 치부하지만, 사실 꼭 그렇지 않다. 매슬로는《존재의 심리학》에서 심리적으로 건강하다고 해서 분노가 사라지지는 않는다며, 대신에 건강한 사람들의 분노는 단호함, 자기주장, 자기 보호, 정당한 분노, 악에 대한 투쟁과 같은 형태를 띤다고 말했다. 건강하지 못한 사람과 건강한 사람은 '분노의 질'이 다른데, 건강한 사람은 정의를 위해 싸울 때 보통 사람들보다 더 효과적으로 싸우는 경향이 있다는 것이다.

유해한 타인으로부터 자기 자신을 지킬 수 있는 건강한 공격성은 꼭 필요하다. 신경질을 내는 게 얕은 수준의 화풀이라면, 진정한 분노는 상대의 눈을 똑바로 바라본 채 이성과 논리를 동원해 단호하게 의사를 표현하는 것이다. 더 나아가 상대와 설전을 벌이기보다는 조용히 '선처 없는 법적 대응'을 해서 상대를 완벽히 제압하는 것도 분노를 표현하는 방법이다. 진심 어린 예의와 존중은 상대방에 대한 두려움에서 나오는 법이다. 천지분간 못하는 무례한 사람이나 소시오패스를 상대할 때는 이 점을 꼭 명심해야 한다.

말을 모아서 듣는 사람
vs. 말을 모아서 하는 사람

　　나는 전혀 그런 의도로 한 말이 아닌데, 내 말의 의미를 이상하게 꼬아서 듣는 사람들이 있다. "저녁 먹고 왔어?"라는 아주 단순한 질문조차도 '뭐야, 왜 밥 먹었는지 궁금해하지? 혹시 요즘 내가 많이 먹어서 살쪘다고 은근히 날 비웃는 건가!'라는 식으로 해석하는 것이다. 별생각 없이 말한 사람에게는 난데없이 물벼락을 맞은 것처럼 황당한 일이다. 이런 경우에는 말을 꼬아 듣는 사람에게 어떤 심리적인 문제가 있을 것이다. 연극성 성격장애를 가지고 있어서 자신이 느끼는 감정을 객관적 현실이라고 쉽게 속단하는 사람일 수도 있고, 편집성 성격장애를 가지고 있어서 모든 것을 병적으로 의심하는 사람이거나, 심한 경우 조현병의 증상일 수도 있다. 이 정도라면 전문가의 도움이 필요하며 내가 할 수 있는 일은 상대와 가급적 접촉을 줄이고 피하는 것뿐이다.

그런데 우리가 간과해서는 안 되는 사실이 있다. 현실 세계에는 이와 반대로 은근히 말을 꼬아서 하는 사람들도 엄연히 존재한다는 사실이다. 인간은 종종 거짓말과 헛소리를 하기도 하고, 자기기만에 빠지기도 하는 존재다. 우리는 생각과 감정을 매 순간 100퍼센트 순수하게, 100퍼센트 정직하게, 100퍼센트 있는 그대로 표현하지 않는다. 서브텍스트subtext, 즉 말로는 표현되지 않은 생각, 느낌, 판단 등을 뜻하는 개념이 존재하듯이, 우리는 겉으로 드러나지 않는 생각이나 감정을 말의 이면에 감춘 채 발화할 때가 의외로 적지 않다. 말하는 당사자는 이 사실을 의식하지 못하겠지만.

무의식적으로 말속에 다른 불순물이 들어갈 가능성도 있다. 그리고 이때 말에 담긴 진짜 속뜻은 주로 눈빛이나 제스처와 같은 비언어로 표현된다. 상대방은 어쩌면 나의 언어와 미묘하게 어긋나버린 비언어를 아주 예리하게 포착할지도 모른다. 그러므로 나 자신을 돌아봐야 한다. 내가 뱉은 말속에 혹시라도 어떤 서브텍스트가 들어가진 않았는지 살펴보자. 상대방이 성격장애를 가지고 있거나 상당한 피해의식이 있다면, 내가 하는 모든 말을 왜곡해서 받아들일 수도 있다. 하지만 그렇다고 상대방 탓만 하기보다는 자기 자신을 되돌아볼 줄 아는 성숙한 태도를 갖추어야 한다.

스스로 의식하지 못한 채 수동공격적인 메시지를 말속에 담은 건 아닌지 자신의 무의식을 점검해보자. 미국 정신의학회의 출판물(DSM-Ⅲ)에는 성격장애 중 하나로 '수동공격passive-aggressiveness'이 등재되어 있다. 이것은 자신이 불만을 가지는 대상에게 은근히 반항하는 행동 양식이다. 말을 교묘하게 꼬아서 하는 것도 전형적인 수동공격이다. 다음은 수동공격의 몇 가지 예시다.

- 겉으로는 "괜찮아"라고 말하면서 항상 좋은 사람인 척 행세하지만, 속으로는 전혀 괜찮지 않고 불만스럽다. 속으로는 상대에게 적개심을 품고 있으면서도 겉으로는 해맑게 웃고 있다.
- 상대에게 화가 났으면서도 화난 이유를 솔직하게 설명하지 않고, 상대를 무시하거나 은근히 돌려서 비난한다.
- 상대에게 원하는 바가 있으면서도 이를 말하지 않고 숨기며 다른 꿍꿍이가 있는 사람처럼 행동한다.
- 본인에게 유리한 방향으로 상황을 조종하고 싶어서, 상대와 관련된 중요한 일을 마무리하지 않고 계속 늑장을 부린다.
- 상대를 불안하게 한 뒤 자기 뜻대로 상황을 조종하고 싶어

서 고의적으로 자주 연락을 피한다.

- SNS 댓글 창처럼 공개적인 장소에서는 상대를 추켜세우고 칭찬하지만, 뒤에서는 몰래 상대를 깎아내리며 비난한다. 겉으로는 친한 척하지만, 사실은 적개심과 시기심을 품고 상대에 대한 뒷담화와 이간질을 일삼는다.

또한 수동공격까지는 아니지만 자칫 수동공격으로 이어질 가능성이 있는 이중구속double bind 수법을 자주 쓴다. 이중구속이란, 상대에게 모순적인 메시지를 전달하여 의도적으로 혼란을 불러일으키고 결국 이러지도 저러지도 못하게 만드는 것이다. 일종의 가스라이팅인데, 본심은 교묘하게 은폐하면서 타인을 조종하는 심리 기술이다. 이를테면 연인 사이에서 표정이나 행동으로는 사랑이 느껴지지 않는데 말로만 '사랑한다'라고 속삭이는 경우다. 자신의 속마음과 전혀 다른 말을 내뱉으며 상대를 조종하려는 것이다. 정도의 차이만 있을 뿐이지 사람이라면 때론 겉과 속이 다른 이중구속적인 표현을 할 수 있기에 누군가와 진실한 관계를 맺고 싶다면 늘 주의할 필요가 있다.

본인이 말을 은근히 꼬아서 했으면서 상대방이 속뜻을 간파해 적절히 대응하면 도리어 "왜 내 말을 그런 식으로 꼬아서 들어?"라고 반박하는 것 역시 전형적인 가스라이팅이다. 이처럼 말을 꼬아서 하는 사람들은 수동공격을 비롯한 가스라이팅을 습관적으로 하는 경우가 많다. 반면 말을 꼬아서 듣는 사람들은 대체로 피해의식이 심하다.

따라서 상대의 말속에 담긴 본심이 애매하게 느껴진다면, 무턱대고 상대방 탓만 할 게 아니라 지금 상대가 말을 꼬아서 '하는' 것인지 아니면 내가 말을 꼬아서 '듣는' 것인지 객관적으로 파악해야 한다. 자기 자신을 정직하게 되돌아보고 나서 진정으로 떳떳하다면, 그때 적절히 대처해도 늦지 않다.

나도 누군가에게
피해를 줄 수 있음을 알기

타고난 본성은 아직 사회화가 되지 않은 어린 시절에 잘 드러나는 법이다. 탯줄을 끊은 지 불과 몇 년밖에 되지 않은 미숙한 존재임에도 초등학교 저학년쯤 되면 벌써 성격 차이가 상당히 드러난다. 어떤 아이들은 단지 자신의 힘을 과시하고 쾌감을 만끽하기 위해 자기보다 약한 애들만 골라 따돌리고 때리고 괴롭히는 짓을 일삼는다. 반면 어떤 아이들은 온순해서 타인을 잘 배려하고 이타적으로 행동한다(물론 이런 아이들에게도 이기적인 모습이 있다. 사람은 누구나 자기중심성을 가지고 있으니까).

미국의 심리학자이자 뉴욕대학교 교수인 조너선 하이트 Jonathan Haidt에 따르면 인간은 태어날 때부터 '바른 마음'을 갖고 있다. 그러나 자신과 비슷한 사람들이 무엇을 바르다고 여기는지는 반드시 학습으로만 배운다고 덧붙인다. 인간의 도덕성이란 선천적인 동시에 후천적 학습의 결과라는 뜻이다.

우리는 어릴 때부터 타인에게 피해를 주는 건 나쁘다고 교육받으며 자라왔다. 사회 구성원으로서 이렇게 애쓰는 것 자체는 선하고 바람직한 마음이다. 특히 천성이 선하고 유약한 사람일수록 남에게 폐를 끼치지 않으려 노력한다. 이들은 자신이 누군가에게 피해를 줬다는 사실을 자각했을 때 죄책감에 시달리며 우울해하기까지 한다. 이런 사람들은 가리켜 '에코이스트Echoist'라고 한다. 이 단어를 파생시킨 에코이즘Echoism이란 나르시시즘의 반대 개념으로, 자기애적으로 보일 것을 두려워하는 게 특징이다. 에코이스트들은 타인과의 관계에서 관심의 중심에 서는 것을 극도로 싫어한다. 또한 공감 능력이 좋고 남들에게 폐 끼치는 것을 싫어하며 자신에게 엄격한 탓에 관계에 문제가 생기면 자기 자신을 먼저 탓하는 특징이 있다.

에코이스트 성향이 극단적으로 심할 경우, 옷 가게에서 점원에게 미안하다는 이유만으로 별로 마음에 안 드는 옷을 구입하기도 한다. 또한 식당에서 주문한 것과 다른 음식이 나와도 괜히 불편한 상황을 만들기 싫다는 이유로 군말 없이 그냥 참고 먹을 때도 있다. 타인에게 피해를 주거나 불편한 관계가 될 바엔 차라리 자기 혼자 다 뒤집어쓰고 힘들어하는 쪽을 선택하는 것이다.

소시오패스나 나르시시스트처럼 남들에게 일부러 피해를 주면서 살아가서는 안 되겠지만, 그렇다고 해서 '남에게 절대 피해를 줘서는 안 된다'라는 믿음이 강박에 가까워지는 것도 건강하지 못한 건 마찬가지다. 우리는 매일 누군가에게 피해를 주거나, 피해를 받으면서 살아갈 수밖에 없는 존재이기 때문이다. 다만 대부분은 그 수준이 너무나 사소해서 쉽게 깨닫지 못할 뿐이다. 여기서 '피해를 준다'는 말의 의미는 대인관계에서 내가 상대의 욕구를 좌절시켜 마음의 상처를 주거나 나보다 상대방이 더 손해를 보는 것이다.

예를 들어 친한 친구와 함께 저녁을 먹기로 했다고 치자. 메뉴를 정하면서 친구가 삼겹살을 먹고 싶다고 말한다. 하지만 나는 아침부터 계속 치킨이 당겼던 참이다. 친구의 의견대로 삼겹살을 선택했다면 치킨을 먹지 못한 내가 피해를 본 셈이고, 내 뜻대로 치킨을 먹기로 했다면 친구가 피해를 본 셈이다.

또 연인 사이에서 여자친구가 남자친구에게 더 많은 관심과 애정을 바라며 몇 시간에 한 번씩은 연락해달라고 요구하는 상황을 가정해보자. 하지만 남자친구는 일할 때만큼은 일에 집중하고 싶어서 주중 낮에는 연락을 잠시 끊길 원한다. 이때 만약 여자친구의 요구에 맞춰준다면, 남자는 자신의 욕구가 좌절됐으니 피해를 보는 셈이다. 반대로 남자친구의 뜻에 따른다면, 이번에는 여자친구의 욕구가 좌절됐으니 여자가 피해를 보는 셈이다.

이처럼 우리는 상대의 모든 소원을 들어줄 수 있는 램프의 요정이 아니므로 어떤 식으로든 타인의 욕구를 좌절시킬 수밖에 없다. 본의 아니게 누군가에게 피해를 주면서 살아가는 존재인 셈이다. 이 같은 논리를 반대로 우리 자신에게 적용하면, 나 역시도 어떤 식으로든 피해를 받으면서 살아가고 있다. 인간관계에서 모두를 완벽하게 만족시키는 기적의 선택은 불가능하다. 상대적으로 어느 한쪽은 티끌만큼이라도 덜 만족할 수밖에 없다. 이것을 의도했든 의도하지 않았든, 사소하든 사소하지 않든 간에 결국 모두는 가해자이자 피해자일 수밖에 없다.

요컨대 사회적 존재인 우리가 인간관계에 발을 들인 이상 아무런 상처를 받지 않고, 또 상처를 주지도 않는 것은 불가능하다. 그러니 '남에게 절대 피해를 줘서는 안 된다'라는 비현실적인 신념은 내려놓는 것이 건강하다. 만약 피해를 주지도 받지도 않으면서 고결하게 살고 싶다면 무인도나 산속에서 혼자 사는 수밖에 없을 것이다. 아들러도 관계의 고민을 없애려면 우주 공간에서 홀로 살아가야 한다고 말했다.

그렇다고 해서 '남들에게 흔쾌히 피해를 줘도 괜찮다'라든가, '피해를 주더라도 당당해져라'라는 식으로 왜곡하는 일은 없어야 한다. 오해할까봐 강조하지만, 남들에게 뻔뻔하게 피해를 줘도 된다는 말이 아니라, 때론 내가 누군가에게 피해를 줄 수도 있고 반대로 나도 피해를 받을 수 있음을 받아들이는 게 건강하다는 뜻이다.

그러므로 우리에게는 때로 사람 사이에서 피해를 주고받을 수도 있다는 유연한 마음이 필요하다. 특히 에코이스트 성향이 강해서 평소에 절대로 폐를 끼치면 안 된다는 강박에 시달리거나, 작은 일에도 죄책감을 느끼고 우울해하는 사람이라면 이 말을 꼭 가슴에 새겼으면 좋겠다.

✦

평생을 함께하고 싶은
사람의 7가지 기준

법정 스님은 "진실은 진실된 사람에게만 투자해야 한다. 그래야 좋은 일로 결실을 맺는다. 대부분의 피해는 진실 없는 사람에게 진실을 쏟아부은 대가로 받는 벌이다"라는 말씀을 남기셨다. 그렇다면 우리는 진실한 사람을 어떻게 알아볼 수 있을까. 또한 우리 자신 역시 그런 사람이 되려면 어떤 노력을 해야 할까. 평생 함께하고 싶도록 신뢰감을 주는 사람의 일곱 가지 특징은 다음과 같다.

1. 말과 행동이 같은 삶을 산다

누구나 마음만 먹으면 탐욕과 이기심 따윈 없는 성인군자처럼 말할 수 있다. 그렇지만 이를 행동으로 옮기기란 쉽지 않다. 그러기에 주변에 목격자가 없어도 언행일치의 삶을 사는 성숙한 사람들이 더욱 빛이 난다. 말과 행동이 일치한다는 것은 또한 앞뒤의 태도가 다르지 않다는 뜻이다. 이런 사람들은 옆에서 누가 지켜보든 그렇지 않든 상관없이 자기 자신에게 늘 정직하다. 《대학》과 《중용》에는 신독愼獨이라는 말이 나온다. 삼갈 '신'에 홀로 '독'. 즉 홀로 있을 때도 도리에 어그러지는 일을 하지 않고 삼간다는 뜻이다. 진실한 사람들은 이처럼 남들 앞에서 본인의 솔직함을 과장되게 강조하는 법이 없이, 홀로 있는 자기 자신에게 떳떳하게 살아간다.

2. 아는 것을 알고 모르는 것을 모른다고 말한다

인간이 소중한 에너지와 자원을 소모하면서까지 무언가를 지속하는 이유는 어떤 형태로든 보상이 있기 때문이다. 가식적이고 위선적인 성향이 강한 사람일수록 마치 자신에게는 이득이 없는 듯 굴면서 행위의 진짜 의도를 은폐하려 한다. 이런 사람들은 상대를 유혹하기 위해 자기가 잘 모르는 내용을 말할 때도 자신감 있는 표정과 말투를 꾸며낸다. 반면 평생 함께하고 싶도록 신뢰감을 주는 진실한 사람들은 다르다. 이들은 모르는 건 모른다 말하며 겸손하게 배우려 하고, 아는 건 선한 마음으로 가르칠 줄 안다. 자신의 의도 또한 숨기지 않고 솔직하게 밝힌다.

3. 내면의 어둠과 그림자를 직면하고 승화한다

다른 사람들 앞에서 얼마나 선한 행위를 했는지가 한 사람의 성숙을 판단하는 지표가 될 수는 없다. 쇼펜하우어가 지적했듯이, 모든 인간은 타인에게 자신이 좋게 보일 수만 있다면 언제든지 가면을 쓰기 때문이다. 인간의 성숙함을 판단하는 지표는 자신의 불완전성을 인정하고, 내면의 어둠과 그림자를 얼마나 그대로 받아들일 수 있는가에 있다. 자신의 어둠을 부정하고 억압하는 사람은 오히려 이를 타인에게 덧씌운 뒤, 책임을 회피하는 오류를 범한다. 그러나 자신의 어둠을 마주 보며 받아들이는 사람은 내면의 빛과 어둠을 통합하고 승화해 더욱 온전한 인간으로 거듭난다. 덕분에 이들은 타인의 어둠과 그림자도 이해해준다.

4. 자신이 언제든지 틀릴 수도 있음을 안다

광활한 우주에서 인간은 너무나 연약하고 무지한 존재다. 현재 우리가 알고 있는 모든 진실은 오직 반증되기 전까지만 진실로 받아들여진다. 개인의 지성을 판단하는 기준은 단순히 그 사람이 얼마나 많이 아는지가 아닌, 자신의 오류를 얼마나 겸허히 인정하고 수정할 수 있는가에 달렸다. 평생 함께하고 싶도록 신뢰감을 주는 사람은 자기 확신을 갖되, 그 생각이 언제든지 틀릴 수도 있다는 겸허한 태도를 지닌다.

5. 타인의 '다름'을 선의의 시선으로 볼 줄 안다

사람과 사람 사이에서 오해가 생기는 건 불가피하다. 사람마다 타고난 유전자와 살아온 배경, 지적 능력, 인생 경험 등은 각양각색이기 때문이다. 그러다 보니 같은 언어를 사용함에도 같은 상황에서 서로 다른 언어로 표현할 수 있다. 이런 맥락을 이해해 선의의 시선으로 상대를 바라봐줄 수 있어야 불필요한 오해를 막을 수 있다. 적당한 의심으로 자기 자신을 지키되, 이유 없이 적의를 드러내서 상대의 마음에 상처를 줄 필요는 없는 것이다. 타인을 편집적으로 의심하는 것은 그만큼 본인 역시 믿을 만한 존재가 아니라는 자기 고백이다. 평생 함께하고 싶도록 신뢰감을 주는 사람은 상대를 섣불리 의심하면서 벽을 치지 않는다.

6. 때론 둔감한 듯이 넘어가는 배려심이 있다

인간관계에서는 역지사지하며 상대를 배려하는 마

음이 중요하다. 배려심이 깊다는 건, 자신의 판단력을 믿지 못하고 주관이 없어서 상대의 뜻에 휘둘리는 게 아니다. 오히려 주관이 뚜렷해야, 상대방의 의견도 존중하며 배려할 수 있다. 그런데 인간은 완벽하지 않다. 누구나 실수하고, 자기모순을 안은 채 살아간다. 그러니 때론 둔감한 듯이 넘어갈 줄 아는 것도 배려임을 기억해야 한다. 늘 섬세하고 예민하게 상대를 대하는 건 부담을 안겨줄 수 있다. 소중한 관계를 잘 유지하고 싶다면, 상대방의 의도나 부족한 면을 파악했더라도 적당히 모른 척 넘어갈 줄 알아야 한다. 상대의 자존심을 지켜주는 것은 관용이며 인간미다.

7. 인간을 이루는 특성의 양면을 균형 있게 다룬다

이성과 감정, 공감과 사고 등 언뜻 상극처럼 보이는 인간의 여러 특성들은 독립적이면서 상호 보완적인 관계다. 이러한 특성들 사이에서 어느 한쪽으로 너무 치우치지 않은 채 균형 잡힌 자세를 취해야 한다. 대표적으로 이성과 감정이 그렇다. 인류는 오랫동안 이성은 우월하고 감정은 열등한 것이므로, 의사결정을 잘하기 위해서는 감정은 배제한 채 이성적으로 판단해야 한다고 믿어왔다. 하지만 현대 심리학은 그런 고정관념을 오류라고 지적한다. 합리적인 의사

결정을 하려면 감정을 이성과 조화롭게 잘 활용할 수 있어야 한다. 감정과 이성은 대립적인 관계가 아니다. 감정적이라고 해서 이성이 덜 발달한 것도, 이성적이라고 해서 감정이 무딘 것도 아니다. 평생 함께하고 싶을 만큼 신뢰감을 주는 성숙한 사람은 날뛰는 감정에 휘둘리지 않되, 반대로 감정을 지나치게 억누르고 이성에만 치우치지도 않는다. 이들은 스스로 이성과 감정의 균형을 잘 잡으며 지혜롭게 살아간다. 이처럼 인간의 여러 속성을 균형 있게 바라볼 줄 아는 사람에게 우리는 신뢰와 안정을 느낀다.

4장

상처가 잦은 세상을 살아가는
단단한 마음

타인을 판단하지 않는다는
새빨간 거짓말

'사람을 함부로 판단하지 마라', '우리에겐 타인을 판단할 자격이 없다'라는 식의 말을 흔히들 한다. 타인을 판단하지 말라고 아무리 외쳐도, 인간의 머릿속에서 판단을 멈추는 일은 사실상 불가능하다. "핑크색 코끼리를 절대로 생각하지 마!"라고 말하면 머릿속에 온통 핑크색 코끼리만 가득 차는 것처럼, 판단하지 않으려고 할수록 오히려 그 생각으로 가득하게 된다. 이것을 '사고 억제의 역설적 효과ironic process theory' 내지는 '반동효과rebound effect'라고 한다. 특정한 생각이나 욕구를 억누르려고 하면 할수록 오히려 더 강해지는 효과다.

만일 스스로 '나는 타인을 절대 판단하지 않아!'라고 말하는 사람이 있다면, 그는 모든 것을 초월한 위대한 성자이거나 심각한 자기기만에 빠진 사람일 것이다. 물론 후자일 가능성이 크다. '나는 아무것도 판단하지 않고 있는 그대로 보는 에고ego를 내려놓은 사람이다'라는 생각도 판단인데, 이를 전혀 자각하지 못하고 있으니 말이다.

일상에서 일어나는 판단이란 '저 꽃은 아름답다', '나는 커피 향이 좋다', '그녀의 첫인상은 평범했다'와 같은 것들이다. 절대적인 옳고 그름을 따지는 것이 아니라 개인의 주관적 가치관이 반영된 사사로운 생각일 뿐이다. 이런 판단을 하는 것 자체가 나쁜 걸까? 조너선 하이트 교수는 '판단하려는 욕구'는 인간의 본질적 속성이라고 말한다. 낯선 사람을 만났을 때, 우리는 상대방이 보여주는 여러 비언어적 신호에서 이 사람이 믿을 만한 사람인지 위험한 사람인지를 본능적으로 판단한다. 이것은 아주 오랜 세월 동안 생존과 직결되는 중요한 문제였다. 그 결과 인간은 끊임없이 판단하며 생존과 번식에 성공했다.

어느 날 당신이 어떤 엘리베이터를 탄다고 가정해보자. 엘리베이터의 문이 열리자 그 안에는 신장이 2미터에 가까운 건장한 체격의 낯선 외국인이 있었다. 당신은 순간 움찔하지만, 어쨌든 탑승한다. 이내 엘리베이터의 문이 닫힌다. 그는 뒤쪽 벽에 서 있고, 당신은 그 앞에 혼자 서 있는 상황.

그런데 힐끗 보니 그의 손에 야구방망이 같은 게 들려 있다. 더군다나 방망이에는 피인지 페인트인지 모를 붉은 액체 같은 게 묻어 있다. 이때 당신의 뇌에서는 아무런 판단도 일어나지 않을까? 이런 상황이라면 혹시 모를 위험에 대비하라는 경고 신호가 뇌에서 작동해야 정상이다.

이번에는 설정을 살짝만 바꿔보자. 똑같은 엘리베이터에 탑승했는데, 이번에는 키가 130센티미터 정도인 초등학생이 해맑게 웃으며 "안녕하세요"라고 인사한다. 아이 역시 뒤쪽 벽에 서 있고, 당신은 그 앞에 혼자 서 있다. 그런데 힐끗 보니 아이의 손에 야구방망이 같은 게 들려 있다. 방망이에는 피인지 페인트인지 모를 붉은 액체가 묻어 있다. 비슷한 상황이지만 등장인물이 건장한 성인에서 어린 초등학생으로 바뀌면 당신의 뇌는 틀림없이 다른 판단을 내릴 것이다.

끊임없이 변화하는 세상에서 우리는 매 순간 눈앞에 있는 무언가를 판단해야 살아갈 수 있다. 하물며 마트에서 라면 한 봉지를 사더라도 수많은 제품 가운데 무엇을 살지 순간적으로 판단해야 한다. 유튜브 영상을 볼 때도 이걸 끝까지 볼지 말지, 구독을 할지 말지를 판단한다. 또한 뉴스에 나오는 범죄자들을 보면서 그들의 행동을 판단한다. 심리학자나 정신과 전문의 등 많은 전문가가 소시오패스나 나르시시스트 같은 악인들과 관련한 지식을 공개하는 이유는, 대중들이 부디 잘 판단해서 위험에 노출되지 않도록 돕기 위해서다. 이런 맥락에서 타인을 판단하는 것은 자기 자신을 지키는 정당한 권리이며, 자기 인생을 경영하는 모든 인간의 마땅한 책임이다.

편견 없는 현명한 판단력 기르기

사람들이 종종 오해하는 것과 달리 판단이 꼭 부정적인 평가만을 의미하진 않는다. "와, 대단하다!", "정말 멋지네요", "존경합니다"처럼 긍정적인 말도 판단의 결과다. 판단이라는 표현에 부정적인 고정관념이 이미 박혀버린 탓에 많은 사람이 자격을 운운하며 학을 떼지만, '판단한다'라는 것은 나의 뇌를 사용해 '사고한다'라는 의미로 긍정이나 부정이 아닌 중립적인 행위다. 그러므로 타인을 판단할 자격이 우리에게 없다는 말은 부적절하다. 자신의 뇌를 마음껏 사용할 자격은 누구에게나 있으니까.

판단이 문제가 될 때는 잘못된 판단으로 애꿎은 누군가가 피해를 보는 경우다. 그럴 땐 진심으로 상대에게 사과하고 스스로 반성하는 등 조처를 취하면 된다. 칼이 위험하다고 해서 사람들 눈에 띄지 않도록 없애야 한다고 주장할 수는 없다. 칼은 용도대로 안전하게 사용하면 실생활에서 매우 유용한 도구다. 판단도 마찬가지다. 판단을 중단하려고 아등바등할 게 아니다. 우리에게 진정으로 필요한 건 내 판단이 틀릴 수도 있다는 지적 겸손과 옳은 판단을 내릴 수 있는 현명함을 갖추는 것이다.

그러므로 판단을 하더라도 '저 사람은 원래 저런 사람이야!'라는 식의 단정 짓기가 아니라 '지금 나는 저 사람을 이렇게 판단하고 있구나' 하고 메타 인지할 수 있어야 한다. 생사가 오가는 일촉즉발의 다급한 위기 상황이 아닌 이상, 판단할 때는 3단계 과정을 차근차근 거치는 게 좋다. 1단계는 '판단'이고, 2단계는 '자각'이며, 3단계는 '확신'이다. 판단은 혼자 자유롭게 하되, 내 판단이 절대적·객관적 진실이 아니라 그저 나의 주관적 판단임을 먼저 자각해야 한다. 그 후에 판단을 확신하기까지는 검증의 시간을 가져야 한다. 불완전한 인간은 얼마든지 틀린 생각을 할 수도 있으니까.

대부분의 사람은 자신의 판단이 감정을 배제한 합리적인 결론이라고 여기는 경향이 있다. 자신이 인지 편향이나 인지 왜곡, 방어기제 등에 전혀 영향을 받지 않을 거라고 순진하게 착각하는 것이다. 하지만 아무리 객관적인 사람조차 예외 없이 모든 인간의 판단에는 감정과 직관이 뒤섞여 있기 마련이다. 하이트 교수는 대부분의 사람이 합리적 이유에 따라 판단한다고 믿고 있지만, 실제로 이 같은 믿음에는 별다른 근거가 없다고 말한다. 오히려 우리의 판단에는 편향적 직관이 섞여 있는 경우가 많다는 것이다.

머릿속에서 판단이 일어날 때는 섣불리 그 판단을 확신하지 말고, '지금 뇌에서 이런 판단이 일어나고 있구나'를 자각하는 게 중요하다. 인간관계에서 판단 때문에 문제가 발생하는 근본적인 이유는 많은 사람이 이런 자각조차 하지 못한 채 섣불리 확신하고 단정 짓기 때문이다. 다시 한번 강조하자면 판단은 누구나 자유롭게 할 수 있지만, 타인을 함부로 단정 짓고 단죄할 자격은 누구에게도 없다. 판단을 강박적으로 억누르면 오히려 판단에 대한 욕구가 고개를 쳐들지만, 반대로 '판단하는 나'를 자각한다면 판단에 얽매이지 않은 채 상당히 자유로워질 수 있다.

진심이 느껴지는 배려는
이것이 다르다

배려는 우리 사회의 미덕이다. 배려의 사전적 의미는 타인을 도와주거나 보살피려고 마음을 쓰는 것이다. 당신도 나도, 우리는 모두 배려심 깊은 사람들을 좋은 사람, 따뜻한 사람이라고 생각한다. 하지만 언뜻 배려처럼 보이는 행동일지라도 어떤 상황에서 누가, 어떤 의도로 행동하는지에 따라 진실한 배려가 아닐 수도 있다.

일평생 남들을 위해서 희생했는데, 세월이 흐른 후 정작 자기 자신은 받은 게 별로 없는 것 같아서 분하고 후회가 남는다고 고백하는 사람들을 볼 때가 있다. 개인적으로는 몹시 안타까운 일이지만, 좀 더 냉정하게 생각해보자. 그 행동이 과연 진정한 배려였을까? 이들은 어린 시절부터 중요한 사람들의 욕구를 충족시키지 못하면 생존을 크게 위협받는 불안한 환경에서 살았을 가능성이 크다. 어쩌면 사랑과 관심을 충분히 받지 못했거나 매우 엄하고 폭력적인 양육자 밑에서 성장했을 수도 있다. 그래서 언제 어디서든 타인의 눈치부터 살피는 성격이 형성된 것이다. 자신의 진짜 욕구를 추구하면 소중한 사람들에게 버림받을지도 모른다는 부정적인 생각과 수치심이 무의식 깊숙이 자리 잡았다. 그런 까닭에 이들은 생존을 위해 희생하는 법을 일찌감치 배울 수밖에 없었던 것이다.

하지만 타인의 눈치를 살피면서 비위를 맞추는 행동은 배려와는 거리가 멀다. 냉정히 말해서 남들에게 좋은 사람으로 인정받음으로써 빈곤한 마음을 채우고, 생존을 도모하기 위한 전략일 뿐이다. 마음의 여유가 없는 탓에 타인이 진정으로 원하는 걸 주기보다는 그저 자기가 주고 싶은 걸 주면서 이를 배려라고 혼자 착각할 수도 있다.

또 다른 문제는 이들이 타인에게 그런 행동을 하면서 보상받길 원한다는 점이다. 겉으로 드러나진 않지만 속으로는 강렬히 원하는 바가 있다. 단지 이들은 어릴 때부터 자신의 진정한 욕구를 철저하게 감추는 생존 전략을 체득했으므로 상대방이 먼저 알아채지 못하고 돌려주지 않으면, 상대방과 인간에 크게 실망하고 분노하며 불신과 혐오에 빠지기도 한다. 애초에 진정한 배려가 아니라 자신의 결핍을 해소하기 위해 한 행동이었기 때문이다.

'진짜 배려'를 위한 3가지 생각

그럼 진정한 의미의 배려란 무엇일까? 무엇보다 다음 세 가지 사항을 기억하는 것이 좋다. 첫째, 토끼에게 고기를 줘놓고 배려했다고 혼자 착각하지 말아야 한다. 배려란 내가 주고 싶은 걸 멋대로 주는 게 아니라 상대가 받고 싶은 걸 주는 것이다. 초식동물인 토끼에게 비싼 한우를 선물하면서 호의를 베풀었다고 혼자 착각하지 말자. 내가 아무리 좋아하는 것일지라도 상대방은 싫어할 수도 있다. 그러니 진심으로 배려하고 싶다면 일단 상대가 원하는 게 무엇인지 정확히 파악해야 한다.

둘째, 배려할 때는 상대에게 보상을 바라지 말아야 한다. 보상심리를 품은 채 하는 행동은 참된 배려가 아니다. 겉으로는 상대를 위하는 척하지만, 실상은 자신의 결핍을 해소하고 이기적인 목적을 달성하려는 수작에 불과하다. 인간은 누구나 이기적이지만, 그렇다고 해서 이기심으로 한 행동을

'이타적인 배려'라고 포장하는 것은 위선적인 데다가 문제 해결에도 전혀 도움이 안 된다. 배려할 때는 상대에게 감사 표시와 같은 사소한 반응조차 기대하지 않는 게 좋다. 상대방이 고맙다고 말하지 않아도 신경이 쓰이지 않는다면 비로소 진정한 배려를 할 자세가 된 것이다. 배려에 대한 보상은 내가 느끼는 순수한 기쁨과 행복이 되어야 한다(그렇다고 일방적으로 배려하면서 관계를 맺어야 한다고 오해하지는 말자).

셋째, 때로는 배려하지 않는 것처럼 보이는 게 진짜 배려일 수도 있다. 상대를 도와주거나 보살펴주기 위해서는 반드시 뭔가를 직접 해줘야 한다는 강박이 있을지도 모르겠다. 그래서인지 우리의 배려는 종종 오지랖의 경계선을 위태롭게 넘나들 때가 있다. 나의 선의가 상대방에게는 지나친 참견처럼 불편하게 느껴질 수도 있다. 배려란 꼭 무언가를 적극적으로 해주는 행동이 아니다. 봤어도 못 본 척, 알아도 모르는 척, 들었어도 못 들은 척, 그리고 궁금하더라도 묻지 않고 조용히 넘어가주는 게 배려일 수 있다. 때론 무심한 태도가 진정한 배려일 수 있다는 의미다. 비록 예민하고 섬세한 성정을 타고나서 눈치가 빠른 사람이더라도, 때론 상대를 위해서 조금은 둔감한 듯이 행동할 수도 있어야 한다. 이런 게 진심으로 상대를 아끼고 위하는 배려다.

그런데 위 세 가지 사항을 명심한다고 해도 결핍이 가득한 빈곤한 마음 상태로는 진정한 배려를 하기가 쉽지 않다. 마음의 여유가 없다 보니, 상대에게 내심 보상을 바라고 알게 모르게 생색을 내게 된다. 그럴수록 이런 자신이 못나 보이거나, 상대방에게 불편을 주어 관계가 악화될 수도 있다. 이럴 때는 내 마음의 결핍부터 해소해야 한다. 혹여 자신의 욕구를 마주 보는 게 수치스럽다고 계속 모르는 체한다면 타인의 욕구를 챙겨줄 수도 없다. 일단 내 욕구를 솔직하게 들여다보고 건강한 방식으로 충족할 수 있어야만 타인의 욕구도 똑같이 존중할 힘이 내 안에 생기는 법이다.

진정한 배려를 하려면 상대방의 처지에서 생각하는 역지사지를 잘할 수 있어야 한다. 그러기 위해서는 공감 능력도 필요하지만, 무엇보다 마음이 풍요로워야 한다. 건강한 자존감이 반드시 선행되어야 하는 것이다. 그러니 남이 아닌 나를 위한 인생부터 일단 잘 살자. 나의 자존감이 건강하게 회복될 때 비로소 진심으로 상대방을 생각하고 배려할 여유도 생긴다. 타인을 배려하기 위해서는 나 자신부터 제대로 배려할 줄 알아야 하는 것이다.

남들의 시선을 지나치게
의식하는 사람의 심리

사람은 누구나 타인의 시선을 의식한다. 정도의 차이가 있을 뿐 타인을 전혀 의식하지 않는 사람은 없다. 만일 어떤 사람이 스스로 "나는 타인을 전혀 의식하지 않아!"라고 말한다면, 그는 단지 남들 앞에서 쿨한 이미지를 연출하고 싶어 하는 것뿐이다. 이 또한 타인의 존재를 의식한 행동이다.

정상적인 사회 지능을 지녔다면 타인을 의식하는 건 자연스러운 일이다. 하지만 자아정체성이 제대로 형성되지 않은 청소년도 아닌데 어엿한 성인이 타인의 시선을 지나치게 의식한다면 삶이 매우 피곤하고 괴로워진다. 이들은 왜 그렇게까지 이 문제에 집착하는 걸까? 기본적으로는 굉장히 예민한 기질을 타고났을 가능성이 있다. 여기에 더해 타인의 시선과 평가가 삶에 미치는 영향을 실제보다 더 과대평가한다. 그러나 현실에서 사람들은 서로에 대해 그다지 신경 쓰지 않을 뿐 아니라 그들의 생각은 대체로 다른 사람의 삶에 큰 영향을 미치지 못한다.

타인을 지나치게 의식하는 사람들은 크게 두 가지 유형으로 나뉜다. 첫 번째는 자의식이 강하고 자기중심적인 사람이다. 타인의 시선을 의식하는 게 언뜻 보면 타인을 배려하는 것처럼 보이지만 그렇지 않다. 이들이 타인을 보는 것은 관심이 아닌 자기 자신에 대한 집착 때문이다. 따라서 겉으로는 여러 사람과 두루두루 잘 어울리는 것처럼 보이겠지만, 진실한 관계는 없어서 남몰래 자주 공허감을 느낀다.

두 번째는 어릴 때부터 항상 주변의 눈치를 살펴야만 생존할 수 있었던, 불안한 환경에서 성장한 사람이다. 양육자가 매우 엄격했거나 친구들에게 따돌림이나 괴롭힘을 당했을 수도 있다. 어디에서도 온전히 존중받지 못한 탓에 안정감을 느낄 수 없었고, 본인이 살기 위해서 항상 눈치부터 살피게 된 것이다. 이 경우는 자존심이 세거나 자의식이 강하지 않더라도 자존감은 낮을 가능성이 있다.

그럼 타인의 시선을 지나치게 의식하는 문제는 어떻게 고칠 수 있을까? 만일 자의식이 강한 경우라면, 무엇보다 먼저 '그럴 수 있다'라고 자기 자신을 긍정하는 연습을 해야 한다. 즉 있는 그대로의 나를 수용한다는 뜻이다. 그러기 위해서는 앞서 말했듯이 사람은 누구나 타인의 시선을 의식하며 살아간다는 사실을 이해해야 한다.

사람은 모든 면에서 제각각이라서 같은 상황에서 같은 장면을 보더라도 해석하고 느끼는 바는 저마다 다르다. 따라서 어떤 사람이 설령 나에 대해 안 좋게 말하더라도 그건 그 사람의 생각과 감정이지, 객관적 진실이 아님을 깨달아야 한다. 타인의 말을 즉각 흡수해 혼자 상처받기보다는 거리를 두고 바라보는 여유를 가진다면, 타인의 말에서 배울 점과 걸러 들을 불순물이 보이기 시작할 것이다.

타인의 시선을 지나치게 의식하는 사람들은 자신에게 어떤 문제가 생겼고 그걸 타인이 지적했을 때, 존재를 부정당했다는 수치심을 느낀다. 그런 감정을 느끼는 것까지는 괜찮지만, 그런 감정이 자기 자신을 완전히 지배하도록 내버려두어서는 안 된다. 내 문제와 나라는 존재를 동일시하지 말고, '문제는 문제고 나는 나'라고 생각해보자. 어떤 문제가 있다고 해서 내 존재가 틀렸다는 식으로 확대 해석해선 곤란하다. 세상에 완벽한 사람은 없다. 나라는 존재의 존엄

성과 본질적인 가치는 어떤 문제 때문에 훼손되는 것은 아님을 기억하자.

다른 방법으로는 글쓰기를 꾸준히 해보자. 자의식이 강해서 타인의 시선을 지나치게 의식하는 사람들은 언제나 자기 자신만을 생각하며 살아간다. 이들은 타인을 볼 때마저도 상대방의 눈에 비친 자기 모습만을 의식한다. 그렇다고 해서 자신에 대해 객관적으로 인지하고 있는 것도 아니다. 오히려 이들의 자아상은 왜곡되어 있을 가능성이 크다. 작고 사소한 것을 실제보다 더 크게 부풀리거나 문제 삼지 않아도 될 부분을 생존을 위협하는 심각한 문제라고 인지하는 식이다. 따라서 자기 자신을 최대한 객관적으로 바라보는 훈련을 할 필요가 있는데, 이때 글쓰기가 좋은 방법이 된다. 글쓰기로 그동안 일상에서 무시해왔던 내면의 목소리에 귀 기울여보자. 자기 자신과 대화를 해보는 것이다. 머릿속에 떠다니는 생각은 쉽게 휘발되지만, 한번 써둔 글은 지우지 않는 이상 영원히 남아 있다. 그래서 생각과 감정을 반드시 글로 적는 습관을 길러야 한다.

그리고 매일 자신의 다채로운 감정을 언어로 표현해보자. 두려움, 슬픔, 걱정, 기쁨, 혐오, 분노, 즐거움, 사랑, 증오, 감동, 그리움, 권태, 샤덴프로이데, 수치심, 실망, 애증, 억울, 원망, 박진감, 자괴감, 자신감, 죄책감, 질투, 집착, 짜증, 호기심, 불쾌, 행복, 희망, 절망, 설렘 등 명사형으로 표현할 수 있는 감정도 있고, 언어로 쉽게 표현하기 어려운 감정도 있을 것이다. 다양한 감정 중에서 이 순간 유독 나를 사로잡거나 괴롭히는 감정에 관해 구체적으로 써보자. 예를 들어 어떤 대상에 애증을 느끼고 있다면, 그 원인이 무엇이며 이 감정으로 인해 내 몸이 어떻게 반응하는지, 또 지금 나는 어떤 생각을 하고 있고, 이것이 다른 감정과 생각을 유발하고 있는 건 아닌지 등 되도록 객관적으로 자기 관찰을 하면서 글을 쓰는 것이다.

글쓰기와 자기 수용을 꾸준히 한다면, 자기 자신을 더욱 잘 이해할 수 있게 된다. 이것이 치유의 과정이다. 타고난 기질을 금세 바꿀 수는 없지만, 건강한 자기 이해는 바꿀 수 있는 것과 바꿀 수 없는 것을 지혜롭게 구분해 더 나은 삶을 살아가게 도와준다. 이로써 타인은 물론 인간관계의 역학도 이해할 수 있다. 그 과정에서 타인의 시선을 의식하는 문제는 자연스럽게 해결된다. 오랜 세월 껍질 안에 숨어 있던 '진정한 나'를 발견하여 비로소 나답게 살아갈 수 있다.

진심은 반드시 통한다는
믿음에 대해

　　태어나서 이제껏 실패했던 수많은 일에 대한 나의 마음은 대부분 진심이었다. 별 기대 없이 가벼운 마음으로 임할 때도 있었겠지만, 당시로서는 최선을 다했다는 의미다. 일, 꿈, 연애와 사랑, 그 무엇이든 간에 적어도 나에겐 더할 나위 없는 진심이었는데 그 진심은 언제나 통했을까? 운이 좋은 날에는 잘 통했지만 그렇지 않을 때도 적지 않았다.

　　만약 '진심은 반드시 통한다'라는 말이 옳다면, 그 대우對偶인 '통하지 않으면 진심이 아니다'라는 말도 옳아야 한다. 하지만 이것이 틀렸다는 걸 우리는 안다. 왜? 상대에게 통하지 않아도 진심인 경우는 얼마든지 있기 때문이다. 따라서 내가 원하는 결과를 얻지 못한 이유를 '진심이 부족해서'라고, 반대로 성과를 낸 이유를 '진심을 다했기 때문이다'라고 설명하는 건 지나친 단순화다. '해리포터' 시리즈의 작가 롤링처럼 젊었을 때는 수없이 실패하며 인생의 고배를 마셨으나 30~40대 이후에 비로소 빛을 본 대기만성형들을 봐도 알 수 있다. 그들이 젊은 시절에 실패하고 고생했던 이유가 단지 진심이 부족해서는 아니었으니까. 인간의 뇌는 복잡한 것보다는 단순한 해석을 훨씬 더 선호하는 경향이 있으나, 복잡계인 인생을 단순한 논리 체계로 설명하는 건 무리가 있다. 그러므로 '진심은 반드시 통한다'라는 말은 낭만적일지는 몰라도 삶의 진실과는 거리가 멀다.

만약 세상일이 진심 하나만으로 간단히 해결된다면 대체 누가 삶을 힘겨워하랴. 자기가 원하는 이상형에게 진심을 다하는 것만으로 사랑이 결실을 맺는다면, 연애를 고민할 사람은 세상에 없을 것이다. 영화나 동화 속에서는 선善이 반드시 승리하고 진심이 언제나 통해 해피엔딩이 되겠지만, 현실은 그렇지 않다. 악이 선을 이길 때도 있을뿐더러 누가 선이고 악인지 그 경계조차 모호할 때도 빈번하다. 당연히 진심이 통하지 않을 때도 많다. 생각과 의지대로 통제되지 않고 예측을 벗어나는 게 바로 현실이다. 하지만 너무 낙담하지는 말자. 우리는 현실과 동화를 지혜롭게 구분할 줄 아는 어른이 되면 된다.

관계에서 내 진심이 상대에게 통할지 안 통할지는 진심 여부와는 별 상관이 없다. 진심은 그 자체로 존재할 뿐이고, 그게 상대에게 통할지 안 통할지는 운과 타이밍이 생각보다 큰 영향을 미친다. 만일 통했다면 나의 운과 이를 알아본 상대의 운이 좋았던 것이다. 반대로 운과 타이밍이 맞지 않는다면 상대는 내 진심을 몰라볼 수도 있다. 내 마음이 순도 99.9퍼센트라고 상대에게 강요할 수는 없는 노릇이다. 그건 진심을 가장한 나의 이기심일 뿐이니까.

그런데 가끔 우리는 진심을 몰라주는 상대에게 서운함을 넘어선 분노를 표출하기도 한다. 특히 가족이나 이성 간에 이런 문제가 많이 발생한다. "넌 왜 내 진심을 몰라주니?"라면서 상대에게 화를 내고 공격한다. 어쩌면 이런 분노야말로 그간 내 마음이 진심이 아닌 이기심과 인정 욕구에 가까웠다는 증거가 아닐까.

'진심은 반드시 통한다'라는 말에는 상대방의 입장과 마음은 안중에 없고, 오로지 마음을 전하려는 사람의 욕망만 가득 차 있다. 그런 의미에서 진심은 반드시 통한다는 집착에 가까운 믿음은, 타인에 대한 인정 욕구의 또 다른 표현이다. 인간은 본질적으로 자신의 생존을 도모하는 이기적인 존재라지만 진심만큼은 이기심이나 인정 욕구로부터 멀찍

이 떨어져 있었으면 좋겠다. 순수하게 남아 있기를 바라는 마음에서다. 내 마음이 진심일지라도, 나와 다른 사정이 있는 상대에게는 통하지 않을 수 있음을 받아들이는 게 좋다. 상대에게 닿지 않았다고 해서 그 마음이 갑자기 가짜가 되는 건 아니다. 진심은 타인의 인정 여부와는 무관하게 오롯이 내 안에 존재하니까.

따라서 진심이 진실성을 갖추려면, 진심은 반드시 통해야 한다는 생각을 내려놓아야 한다. 물론 쉽지 않고, 타인의 인정을 받지 못한다면 진심이란 게 대체 무슨 소용이냐고 반문할지도 모르겠다. 그러나 '진심이 통할 것인가'에 집착하다 보면 결국 나는 그것의 노예로 전락하고 만다. 상대방의 반응에 일희일비하는 노예. 이것은 예측 불가능한 인생에서 스스로 통제할 수 없는 변수에 목을 매는 것과 다를 바 없다. 운이 좋지 않아서 진심이 통하지 않았을 때는 자존심과 자존감마저 급락하는데, 왜 이런 선택을 굳이 하는가?

진심을 다했음에도 불구하고 통하지 않았다면, 그건 마음에 달린 문제가 아니라는 신호다. 이때는 현실적으로 쓸모 있는 기술에 더 집중해야 한다. 내 딴에는 아무리 진심을 쏟아붓더라도 애초에 그 방향이 잘못됐거나 기술이 부족하면, 실패하기 마련이다. 예컨대 좋아하는 이성을 유혹하고 싶을 때, 앞뒤 가리지 않고 마음만 잔뜩 보여주는 것은 상대를 부담스럽게 하는 순진하고 미련한 행동일 뿐이다. 이럴 때는 유혹의 기술부터 정석대로 익힌 뒤 전략을 수정할 필요가 있다. 이것이 잘 갖춰졌다면 이제 남은 일은 하나다. 진심을 다하되 진심은 반드시 통한다는 과한 기대는 내려놓고, 평소처럼 자기 할 일을 하는 것이다. 다시 말하지만, 진심은 얼마든지 다해도 좋다. 다만 이것만은 잊지 않았으면 좋겠다. 나의 진심은 존재 자체로 온전히 진실할 때 가장 빛이 난다는 걸.

사회성이 부족한 사람을 위한 9가지 조언

인간은 혼자서 살아갈 수 없는 사회적 동물이다. 우리는 태어나서 죽을 때까지 타인과 관계를 맺으면서 살아가는데, 기본적으로 사람을 이해하고 다루는 능력이 부족하면 관계에서 불필요한 갈등과 마찰을 겪게 될 가능성이 커진다. 이것이 사회 지능social intelligence을 높여야 하는 이유다. 사회 지능이란, 일상생활에서 자기 및 타인의 감정과 사고 행동을 이해하고, 그러한 이해의 바탕 위에 적절하게 행동할 수 있는 능력이다. 사회 지능이 높다는 건 특정 상황에 어울리는 행동과 언어적·비언어적 표현을 잘해서 상대와 자기 자신을 모두 이로운 방향으로 이끌 수 있다는 뜻이다. 그럼 사회 지능이 높은지 낮은지는 어떻게 알 수 있을까? 인생에서 여러 가지 문제를 반복해서 겪다 보면 스스로 이를 판단할 수 있을 것이다. 사회 지능이 낮은 사람들의 특징은 다음과 같다.

- 인간의 다양한 스펙트럼을 잘 이해하지 못해서 타인을 이분법적으로만 바라본다.
- 대인관계에서 자신이 원하는 상황과 다르게 파국을 자주 경험한다.
- 감정 조절을 잘하지 못해서 부적절하게 화를 낸다.
- 대부분 모태 솔로거나 연애를 오래 못한다.
- 자신에게 문제가 있다는 걸 자각하지 못하고, 남 탓만 하면서 피해의식에 자주 휩싸인다.
- 자신의 감정을 상대에게 투사해 혼자 오해하고, 상대의 의도를 잘못 해석하는 일이 잦다.
- 다른 사람과의 갈등이 빈번하고, 가깝게 지낸 사람들과 자주 관계가 끊긴다.
- 역지사지를 할 줄 모르고, 상대의 눈에 비친 자기 모습에만 과도하게 몰입한다.
- 눈치가 없어서 본의 아니게 상대를 불쾌하게 만들고 관계를 악화시킨다.

그럼 우리는 사회 지능을 어떻게 높일 수 있을까? 여러 상황을 경험하고, 이에 관한 지식을 학습하면 된다. 그러기 위해서는 전제 조건이 있다. 타인의 이기심이나 변덕스러움을 미워하지 말고, 오히려 그것을 잘 활용해 관계를 유지하는 데 노력하겠다는 마음가짐을 갖추는 것이다. 인간에 대한 이상이 너무 높거나 순진한 시기에는 타인의 이기심을 목격할 때마다 인간혐오에 시달린다. 그래서는 사회 지능을 높이기가 어렵다. 인간의 본성을 혐오하면서 그들과 더불어 살 수는 없다. 이럴 때는 인간의 본성을 오히려 긍정적인 방향으로 활용하겠다고 마음을 고쳐야 한다. 이런 마인드를 탑재하는 것이 사회 지능을 높이기 위한 첫걸음이다. 이제 사회 지능을 높이는 방법을 익혀보자.

1. 현실적인 눈으로 타인을 바라본다

미숙한 시각으로 세상을 바라보면, 상처받는 일이 잦아지고 자꾸 타인을 원망하며 혼자 피해의식에 사로잡히기 쉽다. 사회 지능을 높이기 위해서는 이런 관점에서 벗어나 현실적인 눈을 갖춰야 한다. 이 세상에는 선인 아니면 악인의 두 부류만 존재하는 게 아니라, 다양한 유형의 사람들이 존재한다는 사실을 받아들여야 한다. 내가 바라는 모습을 상대에게 투사하면서 지나치게 이상화하는 습관을 버리자. 내 마음에 안 드는 부분을 발견했다고 해서 상대를 평가절하해서도 안 된다. 세상에 완벽한 사람은 없기 때문이다. 내면에 순수한 이상을 품되, 사람을 다룰 때만큼은 현실적인 관점을 유지하면서 경직되지 않고 유연하게 사고할 수 있어야 한다.

2. 타인의 세계로 들어가보는 연습을 한다

어엿한 성인임에도 미성숙한 어린아이처럼 자의식이 과잉된 상태로 살아가는 사람은 모든 생각과 감정이 지나치게 자기중심적이다. 사회 지능이 높은 사람들은 자신을 잃지 않으면서도 타인의 세계로 들어갈 줄 안다. 이 말의 의미는 타인의 입장이 되어서 상대방의 생각과 감정이 어떨지 헤아려보는 것이다. 공감 능력을 키워서 타인의 다채로운 세계를 현실적으로 바라보고 온전히 수용하는 연습을 해야 한다.

3. 타인을 있는 그대로 받아들인다

사회 지능을 높이려면 타인을 통제하려고 하거나 인간의 본성을 바꾸려 하지 말고 있는 그대로 받아들이는 연습을 해야 한다. 상대를 꼭 설득해야만 하는 상황이 아니라면, 타인의 생각을 억지로 바꾸려고 하지 말자. 인간은 오직 자신의 의지로만 변할 수 있다. 상대를 설득하는 대신 상대가 가진 속성들을 최대한 나에게 유리한 방향으로 활용할 궁리를 해야 한다. 물론 나에게만 득이 되고 상대에겐 해가 되어서는 안 되며, 서로가 윈윈할 수 있는 상황을 만드는 것이 가장 바람직하다. 이것이 높은 사회 지능의 힘이다.

4. 가치관이 다르다고 적의를 품지 않는다

사회 지능을 함양하고 싶다면 나와 다르다는 이유로 누군가를 미워하는 습관을 버려야 한다. '타인을 미워하지 말고 네 몸과 같이 사랑하라'와 같은 이상적인 메시지를 던지는 게 아니다. 상대방이 가진 성향을 미워하기보다 그걸 잘 활용할 방법을 생각하는 게 현명하다는 현실적인 얘기를 하는 것이다. 우리가 타인과 관계를 맺는 궁극적인 목적은 서로를 파멸시키기 위함이 아닌, 원만하게 공존하는 것임을 명심해야 한다. 다른 사람을 미워하는 버릇이 생기면, 그 누구와도 건강한 관계를 맺을 수 없다.

5. 어떤 제안을 할 때는 상대의 이기심에 호소한다

친구든 연인이든 비즈니스 관계든, 모든 인간관계에서 상대방에게 무언가 부탁하거나 도움을 요청할 때는 상대의 이기심에 호소해야 한다. 바꿔 말하자면, 내가 원하는 걸 얻기 위해서는 상대에게도 반드시 이득이 있어야 한다는 이야기다. 사회 지능이 낮을수록 마치 어린아이가 부모한테 떼를 쓰듯이, 본인의 욕구를 상대에게 해소해달라는 식으로 부탁한다. 무조건적인 선의와 호의를 강요하는 순진하고 미성숙한 태도다. 운이 좋으면 상대가 조건 없는 호의를 베풀어줄 수도 있겠지만 그것도 한두 번이다. 계속 그러면 관계가 끊기기 쉽다. 따라서 내가 상대방에게 원하는 것이 있을 때는 반드시 입장을 바꿔서 생각할 수 있어야 한다. 상대의 필요를 채우고 내 요구를 얻어내는 것, 상대의 이기심에 호소한다는 것은 바로 이런 의미다.

6. 인간은 끊임없이 변화하는 존재임을 이해한다

내가 타인을 바꿀 수는 없지만, 그렇다고 인간이 변하지 않고 고정불변하는 존재는 아니다. 어제의 생각과 오늘의 생각이 다를 만큼 변덕이 심하다는 얘기일 수도 있지만, 긍정적으로 해석하면 끊임없이 성장하고 진화한다는 뜻이다. 내면의 불안을 상대에게 투사해 '사람이 어떻게 변할 수 있냐!'라며 불평을 늘어놓는 대신 사람이니까 당연히 변한다는 사실을 받아들이자. 그래야 변하지 않는 과거에 매몰되지 않고, 변화의 바람에 올라타 삶을 더 윤택하게 만들 수 있다.

7. 자기 자신을 객관적으로 보는 능력을 기른다

사회 지능과 자기 이해 지능은 서로 연결되어 있다. 타인이든 자기 자신이든 인간을 다루는 능력은 근본적으로 상통하기 때문이다. 사회 지능이 낮은 사람들은 자의식은 과잉되어 있지만 정작 자신에 대해서는 잘 모른다. 왜곡된 관점으로 타인뿐만 아니라 스스로도 바라보고 있기 때문이다. 반면 사회 지능이 높은 사람들은 자기 이해 지능도 높아서 자신을 객관적으로 이해한다. 결국 사회 지능을 높이기 위해서는 지나친 자기합리화에 빠지지 않고 자신을 객관적으로 볼 수 있어야 한다.

8. 말은 줄이고 눈치를 기른다

사회 지능이 높은 사람들은 은밀한 사회적 신호와 단서를 잘 읽어내기 때문에 인간관계에서 현명하게 행동하며 상황을 자신이 원하는 방향으로 능숙하게 이끌 수 있다. 이러한 눈치는 후천적으로 길러진다. 스스로 눈치가 없다고 생각한다면, 일단 쓸데없는 말수부터 줄여야 한다. 그러고 나서 타인의 행동 패턴을 유심히 관찰하는 연습을 해보자. 세상에는 다양한 인간 군상이 존재하지만, 적어도 같은 문화권에서 살아가는 사람들에게는 공통된 패턴이 있다. 이를 잘 파악해 여러 사회적 상황에서 활용할 수 있는 정보를 많이 축적해야 한다. 마치 수학 실력을 기르기 위해 다양한 유형의 문제를 풀어보는 것과 마찬가지다.

9. 친절한 단호함을 갖춘다

사회 지능이 높은 사람들은 기본적으로 타인에게 친절하다. 이때의 친절함은 '을'의 비굴한 생존 전략이 아니라 진정한 여유에서 나오는 것이다. 그들은 주체적으로 선택할 수 있는 옵션이 많고, 몸과 마음이 강하기 때문이다. 대신 단호한 면도 가지고 있다. 이것 역시 같은 이유에서 비롯된 태도다. 사회 지능이 높은 사람들은 사람을 소중히 여기지만, 상대에게 아쉬움은 없기에 선을 함부로 넘은 사람은 단호하게 관계를 정리할 줄도 안다.

인생을 살다 보면 생각지도 못했던 문제가 발생하곤 한다. 주로 다른 사람과 얽힌 문제가 많을 것이다. 쉽게 해결되는 간단한 문제도 있지만, 어떤 문제는 답이 안 나올 정도로 골치가 아프기도 하다. 문제가 풀리지 않을 때는 잠시 내려놓는 것도 좋은 방법이지만, 그렇다고 문제를 계속 회피할 수는 없다. 결국 우리는 부딪혀 해결해야만 앞으로 나아갈 수 있다. 포기하지 않고 크고 작은 인생의 문제를 하나씩 해결해나가는 과정에서 사회 지능은 높아진다.

무례한 참견 아닌
건강한 관심

돌이켜보면 무언가에 관심을 가진 덕분에 이제껏 살아올 수 있었다고 해도 과언이 아니다. 어떤 것에 대한 관심은 더 열심히 살고자 하는 뜨거운 열정으로 승화될 때가 많았으니 말이다. 관심의 대상은 사람일 때도 있었고, 사물이나 다른 생명체일 때도 있었으며, 만질 수도 볼 수 없는 관념적 대상일 때도 있었다.

아직 내 관심의 영역에 들어오지 못한 대상들도 아주 많을 것이다. 우리 몸은 하나뿐이고, 누구도 무질서가 점점 증가한다는 엔트로피 법칙을 거스를 수 없다. 이번 생애에서 개인이 관심을 가지는 대상에는 물리적 한계가 있다는 말이다. 그러니 누군가에게 관심을 기울인다는 것은 얼마나 소중하고 감사한 일인가.

그런데 언제부턴가 우리 사회에서는 남에게 관심을 두지 않는 것이야말로 자존감이 높은 쿨한 태도로 여겨지는 것 같다. 관심이란 단어가 오지랖 내지 참견으로 오해받기도 한다. "나는 타인에게 관심이 없어요"라는 말이 "내 성격은 쿨해요"와 비슷하게 여겨지는 것은 한국인 특유의 오지랖 문화에 대한 반발심에서 비롯된 것일 수도 있고, 쓸데없이 남에게 참견하기 좋아하는 사람처럼 보일까봐 애초에 태도를 그렇게 정한 걸지도 모르겠다.

　예전에 어느 지인 모임에서도 같은 말을 한 사람이 있었다. 스스로도 관종임을 인정할 만큼 상당히 주목받길 좋아하며, 타인의 관심으로 먹고 사는 직업을 가진 그의 입에서 그런 말이 나오는 게 조금은 의아했다. 그 말의 참뜻이 '나는 내가 본받고 싶은 성공한 사람들이나 나에게 이득이 되는 사람들한테만 관심이 있어'라는 것인지, 아니면 정말로 인간 자체에 관심이 없다는 의미인지는 알 수 없었지만, 그 짧은 한마디에는 왠지 모를 자부심 같은 게 묻어 있었다. 내 삶에만 오롯이 집중하는 주체적인 인간임을 드러내고자 하는 욕망과 더불어 인간관계에 집착하지 않는 독립적인 사람처럼 보이고 싶어 하는 욕망이 슬쩍 엿보였다.

　내 경험에 비추어 볼 때, 주로 고양이 같은 이미지를 추구하는 사람들이 남한테 관심이 없다고 스스럼없이 말하곤 한다. 자신은 너무나 매력적이라 항상 남들의 관심을 받지만, 정작 본인은 타인에게 관심을 주지 않는 도도한 고양이. 스스로 추구하는 이상이라면 존중하지만, 사회적 동물인 인간이 같은 인간에게 관심이 없는 것이 과연 바람직한 태도인지는 의문이다. 《아들러 삶의 의미》라는 책에도 남에게 관심 없는 사람들로부터 인류의 가장 커다란 폐해가 생겨난다는 내용이 적혀있다.

"나는 타인에게 관심이 없어!"라는 말을 하는 사람치고, 정말로 타인에 관한 정보와 뉴스에 무관심한 사람은 없다. '사람에 대한 무관심'이 사실이라면 굳이 저런 말로 자신을 어필할 필요조차 없기에 오히려 이런 사람일수록 남들의 삶에 관심을 가질 가능성이 크다. 특히 그들은 자신에게 이득이 되는 소위 '성공한 사람들'에 대한 관심이 아주 큰 경우가 많다. 자기 분야에서만큼은 요즘 누가 제일 잘나가는지, 누가 자기 편이 될 사람이며 누가 적인지 등에 대해 언제나 촉을 세워두고 예민하게 탐색하지만, 본인 이미지를 생각해서 겉으로는 무심한 척하는 경우가 많다.

물론 다른 사람에게 선천적으로 관심이 없는 경우도 있다. 조현성 성격장애나 자폐 스펙트럼 장애처럼 타인에게 둔감한 정신적 문제도 분명 존재하니까. 그렇지만 이런 게 아니라면 타인을 향한 관심은 사회적 동물의 특성이다. 고대 로마의 시인 푸블리우스 시루스가 "사람은 자신에게 관심을 보이는 사람에게 관심을 갖기 마련이다"라고 했듯이, 어떤 형태의 인간관계든 맺어지고 유지되기 위해서는 진심에 가까운 관심을 주고받아야 한다.

관심과 침견은 다르기에

'나는 타인에게 관심이 없다'라는 말은 곧 '나는 나에게만 집착하는 자기중심적인 인간이다'라는 미성숙한 자기 고백이다. 어쩌다 이런 표현이 우리 사회에서 유행하게 된 것일까? 서구의 개인주의 문화가 유입되면서 생긴 전통적 집단주의에 대한 일종의 반발심일 수도 있고, 어쩌면 관심과 침견을 무의식적으로 동일시했기 때문일지도 모르겠다.

나는 관심과 침견을 구분하려고 노력한다. 타인에게 따뜻한 관심은 가지되, 함부로 삶에 개입해서 훈수는 두지 않는다. 생명에 위협이 되는 긴급 상황이 아닌 이상, 섣불리 도움을 주는 것도 자칫 오지랖이므로, 먼저 상대의 의사를 물어

보는 편이다. 상대가 나보다 열 살 가까이 어려도 함부로 조언하지 않는 것은 이런 신념이 있기 때문이다.

흔히 '자존감이 높은 사람'이라고 하면, 다른 사람에게는 관심 따위 없고 오로지 자기 일에만 집중해 탁월한 성과를 내는 사람이라고 여기는 경우가 있는데, 이는 영화나 드라마에서 비롯된 오해이자 고정관념이다.

건강한 자존감을 지닌 이들은 나에 대한 집착에서 벗어나 타인과 공동체, 더 나아가 모든 존재에 관심이 많다. 역사적으로 인류에게 정신적 유산을 남긴 위대한 성인들이 그런 모범을 잘 보여줬다고 생각한다. 매슬로의 욕구위계설에서 최상위층에 있는 자아실현을 위해 살아가는 사람들과 그것을 넘어선 자아초월의 삶을 추구하는 사람들이 타인에게 관심이 많은 이유가 여기에 있다. 인정받고 싶다는 결핍 욕구에서 해방되어 타인을 진심으로 도우려는 마음의 여유와 의지가 있는 것이다. 각박한 세상에서도 따뜻하고 진실한 사람들은 각자의 자리에서 묵묵히 존재감을 드러낸다고 믿는다. 그런 믿음을 가슴에 품고, 세상의 풍파에 흔들림 없이 타인에게 더 친절하고 너그러운 우리가 되었으면 좋겠다.

겸손이 드러나는
성숙한 태도

'벼는 익을수록 고개를 숙인다'라는 속담을 모르는 한국인은 아마 없을 것이다. 벼는 익을수록 이삭이 무거워져서 완전히 익을 무렵이 되면 자연스레 고개를 완전히 바닥으로 숙이는 자세가 된다. 마찬가지로 사람도 인격과 지혜가 깊어져서 속이 꽉 찰수록 더욱 겸손해져야 한다는 사실을 옛사람들이 벼에 빗대어 말한 것이다. 이 말은 유교 문화가 지배하던 과거에는 유효한 격언일지 모르나, 우리가 살아가는 21세기에는 재해석할 필요가 있다. 겸손의 핵심은 단순히 겉으로만 자기 자신을 낮추는 데 있지 않기 때문이다.

그건 겸손이 아니라 기만이다

내가 50을 가졌는데, 겸손하겠답시고 20을 가졌다고 말하는 것은 기만이다. 그런 거짓말을 할 바엔 차라리 아무 말도 하지 않는 게 낫다. 김경일 교수도 《김경일의 지혜로운 인간생활》에서 지나친 겸손은 거짓말이라고 이야기했다. 다시 말해서 나에게 어떤 장점이 있다면 그것을 인정하고 칭찬할 줄도 알아야 한다. 이것은 오만함이나 허영심이 아니라, 자기 자신에게 정직한 태도다.

겸손은 비굴하게 자신을 낮추거나 착한 척하는 위선이 아니다. 진짜 겸손은 자신감에서 나온다. 벼가 고개를 숙이는 이유는 잘 익었기 때문이다. 그런데 아직 익지도 않은 벼가 익은 벼 코스프레를 하기 위해 고개를 떨구는 건 괜히 더 뽐내려는 블러핑bluffing에 불과하다. 즉 가진 게 없는 사람이 이를 지나칠 정도로 과장되게 표현하거나 심지어 '겸손'이라는 말로 스스로를 포장하는 건 겸손을 가장한 허세일 수 있다. 《예언자》를 쓴 레바논의 작가 칼릴 지브란은 이러한 겸손의 실체에 관해 이렇게 말했다. "거짓으로 꾸민 겸손은 겉치장을 한 몰염치다."

'과공비례過恭非禮'라는 사자성어가 있다. 지나친 공손함은 예의가 아니며 오히려 상대에게 무례를 저지르는 것과 같다는 뜻이다. 이와 마찬가지로 지나치게 겸손한 것 역시 겸손의 본질에서 어긋난다. 실제보다 더 부풀려서 말하는 것도 허세지만, 실제보다 더 낮게 축소하려는 태도 또한 허세임을 간과해선 안 된다. 겸손이 자칫 위선이 될 수 있음을 간과한 독일의 철학자 쇼펜하우어는 겸손 자체를 탐탁지 않게 생각했던 것 같다. 그는 '겸손의 미덕'이라는 표현은 소인배들이 자신의 편의를 위해 내세운 것으로, 고매한 인격과 자부심을 가진 사람들이 소인배와 어울리기 위해서 겸손한 척하다 보면 세상은 완전히 소인배들의 무대가 될 것이라고 말했다. 격이 떨어지는 인간들이 편익을 얻기 위해 내세운 것이 겸손이라고 본 것이다.

위장 겸손과 진실한 겸손 그리고 성숙한 겸손

나는 쇼펜하우어처럼 겸손을 부정적으로 바라보진 않지만, '위장 겸손'과 '진실한 겸손'은 구별해야 한다고 생각한다. 겸손하다는 대외적 이미지를 구축함으로써 다수에게 호감을 얻고 존경받아 남들보다 더 높은 사람이 되기 위해서가 아니라 내가 보통 사람임을 스스로 알기에 갖는, 거짓 없이 순수한 마음이 바로 겸손 아닐까. 이런 맥락에서 겸손은 정직과 진실에 가까운 개념이다. 우리는 단 한 명도 예외 없이 늙고, 죽는다. 이 드넓은 우주 속에서 한낱 보통의 인간으로서 겸손하지 않을 이유가 없다. 그러므로 성숙한 사람일수록 자신이 여전히 부족하다는 사실을 잘 알고 그 점을 정직하게 고백한다. 또 성숙한 사람일수록 성공이 수많은 사람의 도움 덕분임을 잘 알기 때문에 그들에게 진실한 감사를 표한다. 다만 그러한 태도가 제3자의 눈에는 겸손으로 비치는 것뿐이고.

제아무리 지식이 많은 사람일지라도 언제든지 틀릴 수 있음을 스스로 아는 것, 아울러 '열흘 붉은 꽃은 없다(화무십일홍)'라는 세상의 이치를 아는 것은 겸손 이전에 진실이다. 공자는 "아는 것을 안다고 하고 모르는 것을 모른다고 하는 것, 그것이 곧 앎이다"라고 말했다. 스스로에게 언제나 떳떳하고 이를 솔직하게 표현할 줄 아는 태도만 갖춰도 겸손한 사람이다.

잘 익은 벼가 고개를 숙이는 것은 다른 벼에게 좋은 평가를 받기 위함이 아니다. 이삭의 무게 때문에 벌어지는 자연스러운 물리 현상일 뿐이다. 마찬가지로 잘 배운 사람이 겸손한 모습을 보인다면 그건 처세술이 아니다. 자신을 객관적으로 바라보는 진실한 태도다. 내가 가진 것을 솔직하게 밝히고 더 나아가 이를 이룬 노하우를 다른 사람들과 정직하게 나누는 태도가 진짜 겸손이다.

이런 겸손은 결과적으로 타인의 성장을 돕는 '성숙한 겸손'으로 거듭난다. 인간은 본디 자기 자신을 대하는 방식으로 타인을 대하는 법. 우리가 건강한 자부심을 갖는 건 교만이나 허세가 아닌, 자신에 대한 존중이자 정직한 태도다. 자기 장점을 객관적으로 볼 수 있는 사람만이 타인의 장점을 알아볼 수 있고, 상대가 더 성장할 수 있도록 진심으로 도울 수 있다. 겸손한 사람은 자신뿐만 아니라 타인의 장점과 강점까지도 인정하고 칭찬할 수 있기 때문이다. 그러니 타인의 자부심을 지켜주고 그의 성장을 돕고자 한다면, 일단 내 안의 건강한 자부심부터 잘 챙겨야 한다. 자기 자신의 존재를 긍정하고 존중하는 것이 성숙한 겸손으로 향하는 첫걸음이다.

5장

진짜 내 마음이 궁금할 때
들여다볼 것들

기분이 태도가 되지 않겠다고
감정을 억누르지 말 것

인간에게는 언어화할 수 있는 감정부터 언어로 표현하기 애매한 감정까지 다채로운 감정들이 존재한다. 그렇다면 우리는 자신의 감정에 얼마나 솔직할까? 감정에 솔직하다는 것은 감정에 마구 휘둘린다거나 다른 사람 앞에서 감정을 아무렇게나 표출한다는 뜻이 아니다. 내 감정을 외면하거나 왜곡하지 않고 있는 그대로, 제대로 느낄 수 있냐는 것이다. 많은 사람이 여전히 감정을 부정적으로 바라본다. 우월한 이성에 비해 열등한 감정이 우리를 잘못된 판단으로 이끌기 때문에 이를 억눌러야 한다는 식의 고정관념에 사로잡혀 있다.

수천 년 만에 오명에서 벗어난 감정의 위대함

지난 수천 년의 역사를 돌아봐도 인류는 감정을 불신하고 이성만을 숭배해왔다. '코기토 에르고 숨(나는 생각한다. 고로 존재한다)'이라 말했던 17세기의 철학자 데카르트를 비롯해 많은 사람이 합리적인 판단을 위해서는 반드시 감정을 배제해야 한다고 믿었다. 감정은 변덕스럽고 제멋대로여서 인간의 이성적인 사고와 목표 달성을 방해한다고 치부했다. 기성세대로부터 이런 낡은 고정관념을 주입받으면서 자란 사람이라면, 지금도 여전히 감정을 배제해야 하는 대상으로 믿고 있을지도 모른다.

이처럼 그저 본능에 뿌리를 둔 이성의 방해꾼에 불과하다는 오명으로 얼룩진 감정에 대한 생각이 달라지기 시작한 것은 1980년대 이후였다. 미국의 신경과학자 안토니오 다마지오 Antonio Damasio의 연구에 따르면, 뇌의 복내측 전전두피질에 손상을 입은 사람들은 감정과 관련한 능력이 거의 사라져서 소름 끼치는 사진을 보면서도 아무 감정을 느끼지 못했다. 아이큐는 변함 없었지만, 무언가를 판단하는 상황에서 이상한 결정을 하거나, 아니면 아예 결정 자체를 내리지 못했다. 인간은 오랫동안 이성을 이용해 합리적으로 사고하며 의사결정을 내린다고 믿어왔으나 이는 큰 착각이었고 오히려 그 반대라는 사실이 밝혀진 것이다. 합리적 추론을 위해서는 감정이 꼭 필요했다. 우리는 감정을 활용해 사고하며, 직관과 본능으로 의사결정을 내린다. 그다음에 자신의 판단을 정당화하기 위해서 이성을 이용하고 있었다.

감정의 주요 기능 중 하나는 뭔가가 정상 궤도에서 벗어났을 때 경고음을 울려서 우리의 생존을 돕는 것이다. 슬픔, 우울, 분노, 공포 등의 부정적인 감정도 삶에서 중요한 기능을 담당하고 있다. 이것들은 현재 상황에 잠재적인 위험이나 오류를 범할 가능성이 있으니, 주변에 더 신경을 써야 한다는 신호를 우리에게 보내는 것이다. 만일 이런 신호를 무시하거나 무작정 억압하려 든다면 상황은 더 나빠질 수 있다.

사람은 긍정적인 기분을 느낄 때 걱정이 줄어들고 생각을 게을리 하기 때문에 꼼꼼하게 따져보지 않아 고정관념을 더 많이 나타낼 수 있다. 분노나 불안처럼 각성하는 감정을 느낄 때도 마찬가지로 기존의 고정관념에 더 의지하려는 경향이 있다. 반면 슬픔 같은 부정적 기분을 느낄 때는 더 신중해지고 고정관념을 지양하려는 동기가 강해진다. 긍정적인 감정이라고 마냥 좋고, 부정적인 감정이라고 항상 나쁘거나 쓸모없는 게 아니다. 실제로 분노와 괴로움 같은 일부 부정적인 감정은 특정 상황에서 창의성을 높일 수도 있다. 인간의 다채로운 감정 가운데 원래부터 옳은 감정이나 틀린 감정 같은 건 없다. 모든 감정은 저마다 역할이 있으니, 어떤 감정이든지 일단은 온전히 받아들여야 한다.

핵심은 긍정적인 감정과 부정적인 감정의 균형

감정은 우리가 생각했던 것보다 훨씬 더 중요하다. 그렇다고 해서 감정이 유일한 진실인 양 무조건 신뢰하라는 뜻은 아니니 오해하진 말자. 감정이 주는 신호와 의미를 제대로 해석하는 게 중요하다고 했지, 이것이 곧 팩트라고는 하지 않았다.

　기분이 태도가 되지 말라는 말이 있듯이, 자신의 변덕스러운 기분이 마치 세상의 바로미터인 것처럼 있는 그대로 전부 표출하면서 사회생활을 할 수는 없다. 만약 그런 사람이 있다면, 그는 높은 확률로 일상생활에 어려움을 겪는 성격장애 진단을 받을 것이다. 물론 그렇다고 해서 감정을 아예 느끼지 않도록 꾹꾹 억누르라는 얘기는 아니다.

억압repression과 억제suppression라는 심리학 개념이 있다. 이 둘은 언뜻 비슷해 보이지만, 전자는 무의식적인 행위고 후자는 의식적인 행위라는 면에서 서로 다르다. '억압'은 받아들일 수 없는 생각이나 감정, 욕망이 발현되기도 전에 무의식에 가둬버리는 것이다. 무의식적인 행위이므로 자기가 억압하고 있다는 사실조차 깨닫지 못한다. 그래서 평소에는 억압한 감정이나 욕망이 무엇인지 모르고 살아간다. 그러다가 내 무의식을 건드리는 외부 자극이나 스트레스 상황을 겪으면, 그때 비로소 억압했던 감정과 욕망 등이 의식 위로 튀어 올라와 우리를 불편하게 만든다. 이럴 때 대부분은 남이나 외부 상황을 탓하면서 감정과 욕망을 끝끝내 직면하지 않으려고 한다. 이 또한 무의식적인 반응이라서 자기가 그런 행동을 하고 있다는 사실을 잘 의식하지 못한다.

반면 '억제'는 자신의 감정이나 욕망을 일부러 누르는 행위다. 예를 들면 짝사랑하는 대상이 있지만, 혹여 상대에게 부담을 줄까봐 좋아하는 마음을 표현하지 않고 스스로 감추는 것이다. 감정 통제와 좀 더 닮은 쪽이 바로 이것이다. 억압이 욕구를 망각하는 것이라면 억제는 욕구를 연기하는 것으로써, 프로이트는 후자가 성숙의 증거라고 말했다. 억제는 일상에서 흔히 일어나는 방어기제로 적당하게 사용할 줄 알면 도움이 된다. 그러나 거의 표출하지 않거나 너무 심한 경우에는 여러 병리적인 행동이나 장애를 유발할 수 있다.

모든 감정을 느끼도록 스스로 허락하는 것과 아무 필터링 없이 내 감정을 외부에 표출하는 것이 다른 문제임을 명확하게 인식하자. 부정적인 감정이 든다고 해서 무조건 무시해서는 안 되지만, 정도를 넘었다 싶으면 그땐 확실히 통제해야 하는 것이다.

지금까지 여러 번 강조했듯 핵심은 균형이다. 우리는 긍정적인 감정과 부정적인 감정의 쓸모를 모두 이해하고 받아들여야 한다. 기쁨이나 즐거움과 같은 긍정적 감정이 필요한 것처럼 두려움이나 불안, 분노와 같은 부정적 감정도 우리 삶의 일부다. 물론 부정적인 감정이 오래 지속된다면 그땐 정신건강에 문제가 생길 수 있으니, 전문가에게 의학적 도움을 받아야 한다. 그러나 심각한 수준이 아니라면 부정적인 감정도 직면하는 게 좋다. 감정은 묻어둔다고 해서 완전히 사라지는 게 아니기 때문이다.

만약 나를 불편하게 하는 어떤 감정이 스멀스멀 올라온다면, 지금 내면에서 무슨 일이 일어나고 있는지 알아본다는 마음으로 감정의 결을 따라가 보자. 그러면 감정은 강물처럼 유유히 흘러갈 것이다. 흘러가고 남은 빈자리에는 다시 긍정적인 정서가 차오르게 된다. 감정은 이런 방식으로 해소되고 순환한다. 다양한 감정이 나에게 주는 신호를 잘 해석하고 적절히 반응하는 연습을 꾸준히 하자. 우리가 위대한 감정의 힘을 제대로 이해하고 활용할 수 있다면 틀림없이 더 건강하고 행복한 삶을 누리게 될 것이다.

전혀 쓸모없는 자기혐오에서
탈출하는 법

내가 밉고 싫어질 때가 있었다. 하루 이틀 그러다가 나아지기도 하지만, 상태가 좋지 못하면 몇 주에서 몇 달 이상 지속되기도 한다. 온 세상이 회백색이 되어버린 듯한 그 시간 동안은 다른 사람에게 아무리 좋은 말을 들어도 받아들이기가 힘들다. 누구보다도 나에 대해 잘 안다고 자부하는 내가 스스로를 하찮은 존재라고 여기는데 타인의 인정과 칭찬을 어찌 믿을 수 있을까. 온갖 창의적인 방식으로 내 존재 가치를 부정하고 비하하고 불신하는 나를 마주하게 될 뿐이다.

다른 사람들은 잘 살고 있는 것 같은데 왠지 나만 틀린 삶을 사는 것만 같고, 더 이상 돌이킬 수 없을 정도로 이번 생은 망했다는 비관적인 생각에 사로잡히면 '오답 인생'의 증거들을 직접 찾아 나선다. 나의 쓸모없음을 스스로 입증하고자 하는 자기 파괴적인 행위, 바로 자기혐오다. 사람의 성격에 따라 자기혐오가 심하더라도 밖에서는 밝게 웃고 친절한 사람처럼 행동하며 타인과 별문제 없이 잘 지낼 수도 있다. 하지만 그런 사람일수록 남몰래 속은 곪아간다. 스스로가 가식적인 사람처럼 느껴져서 안 그래도 싫은 내가 더 싫어진다.

그런데 자기혐오라는 감정을 자세히 살펴보면, 여기에는 현실의 '못난 나'와 이런 나를 비난하는 비현실적으로 이상적인 '우월한 나'가 공존하고 있다. 만약 현실의 열등한 나만 존재했다면 자기혐오는 생기지 않을 것이다. 열등을 열등으로 인식할 수 없거나, 이미 온전히 수용한 상태이기 때문이다. 그러나 열등한 나를 자각하고 꾸짖을 수 있는 우월한 나가 있기에 비로소 자기혐오가 가능해진다.

이처럼 자기혐오는 아이러니하게도 지독하게 자신을 사랑하는 데서 생긴다. 다만 그 사랑의 방식이 몹시 위태롭고 유약할 뿐이다. 애초에 자신에게 무관심하거나 기대치가 없는 사람은 자신을 미워할 까닭도 없다. 사랑과 미움이 동전의 양면과 같듯이, 자기혐오의 뒷면에도 자신에 대한 넘치는 애정과 비현실적인 기대감이 자리하고 있는 것이다. 특히 완벽주의 성향이 강한 사람이라면, 웬만한 성취로는 스스로 만족할 수 없기에 계속 자신을 채찍질하며 거칠게 몰아붙인다. 내면 깊은 곳에 품은 원대한 이상에 닿을 수 없는 비참한 현실에서 유일하게 주체적으로 할 수 있는 행위는 자기혐오뿐이기 때문이다.

영국의 정치인 윈스턴 처칠은 '완벽이 아니면 모두 소용없다'라는 표현을 한 단어로 줄이면 '무기력'이라고 했다. 지나치게 높은 이상과 완벽주의적 성향은 무력감을 낳고 결국 내가 나를 미워하게 만든다. 자기혐오에서 벗어나기 위해서는 이러한 사실을 자각해야만 한다. 스스로를 정말 싫어하는 게 아니라 잘못된 방식으로 나를 너무나 사랑하고 있어서, 즉 나에게 기대하는 바가 너무 커서 지금의 나를 미워하고 있음을 이해하며 스스로를 안아주자. 아울러 자기 자신에 대한 혐오감은 비현실적으로 왜곡된 생각에서 비롯되었음을 알아차려야 한다. 스스로에 대한 부정적인 믿음은 진실이 아니다.

세상 어느 누구도 완벽하지 않다. 그런데 나는 왜 닿을 수 없는 완벽을 추구하느라 현실에 발을 딛고 서 있는 나를 매섭게 몰아붙였을까. 완벽하지 않은 나는 지극히 정상이다. 자신에게 부족한 점들이 있다면 앞으로 하나씩 고쳐나가면

된다. 사람은 고쳐 쓸 수 없다는 말은 내가 남을 고칠 수 없다는 이야기다. 나는 나를 바꿀 수 있다. 그러려면 나 자신과 사이좋게 잘 지내야 한다. 평소에 좋은 말이나 좋은 생각을 스스로에게 전하는 것도 좋지만, 웬만하면 구체적인 행동으로 보여주자. 좋은 행동을 하면 그에 따른 좋은 감정이 자연스럽게 생기기 때문이다. 가끔 나에게 작은 선물도 주고, 멋진 장소에 데려가 구경도 시켜주고, 다정한 편지도 써주자. 곁에 다른 누군가가 함께해도 좋고, 혼자라도 좋다. 내 삶을 언제나 스스로 지지하고 응원해준다면, 마냥 잿빛 같던 세상도 어느새 빛나고 있을 테니까.

MBTI에 집착하지 말고
진짜 나를 관찰하자

내면을 들여다보는 일은 몇 번을 강조해도 지나치지 않을 만큼 인생에서 중요하다. 그런데 이때 반드시 유의해야 할 점이 있다. 우리는 무의식을 관찰하는 식의 자기개념에 집착해서는 안 된다. 다시 말해 '나는 ○○한 사람이다'라는 식으로 자기 자신을 섣불리 단정하거나 한계를 설정하진 말자.

요즘은 자신의 마음을 들여다본답시고 온라인 무료 MBTI 검사라든지 각종 심리검사에 과몰입하는 사람들이 상당히 많다. 이들은 심리검사에서 '당신은 ○○ 유형입니다'라는 결과가 나오면, 곧이곧대로 맹신하면서 그 결과에 자기 자신을 끼워 맞추려고까지 한다. 이는 마치 '당신의 무의식은 보리차를 갈망하고 있습니다'라는 검사 결과가 나오면, 평소 보리차에 관심도 없다가 갑자기 매일같이 보리차를 마셔대는 것과 같다. 특히 인생의 시작 단계에 선 젊은이들이 폭넓은 경험을 쌓으며 자아를 완성해나가는 게 아니라, 몇 분간의 인터넷 심리검사만으로 자아정체성을 찾으려는 경향은 조금 우려스럽다. 자신을 알아가려는 태도는 훌륭하지만, 그렇다고 지나치게 검사에만 의존하는 건 바람직하지 않다.

신경과학자인 리사 펠트먼 배럿 교수는 《이토록 뜻밖의 뇌과학》에서 MBTI를 비롯한 여러 가지 성격 검사들은 '오늘의 운세'만큼이나 과학적 타당성이 없다고 말한다. 'MBTI도 과학'이라며 맹신하는 사람들에게는 다소 난폭한 발언일지도 모르겠다. 그러나 사람의 행동은 여러 가지 맥락에서 관찰해야지, 당사자에게 직접 자신의 행동에 대한 의견을 묻는 방식으로는 측정할 수 없다고 배럿 교수는 설명한다.

일부 심리검사에서 나온 '나는 ○○한 사람이다'라는 결과에 집착하는 행동은 진정한 자기 성찰과 거리가 멀다. 그런 집착은 오히려 꼬리에 꼬리를 무는 생각의 틀에 스스로를 가둬 심리적 괴로움만 높인다. 우리가 자기 성찰을 하는 이유 중의 하나는 유연해지기 위함인데, 자기개념에 집착하는 사람은 유연해질 수가 없다. 오히려 공허한 자기개념을 지키기 위해 안간힘을 쓰느라 더 경직되고 고통스러워질 뿐이다.

생각을 나라고 착각해 그것에 집착하는 것과, 생각을 나와 분리해 관찰하고 대화하는 것은 다르다. 생각과 감정 그 자체는 내가 아니다. 이것들을 마치 스크린에 비친 영상을 바라보듯 객관화하고 관찰하는 연습을 해야 한다. 그 영상 속 이미지는 내가 아니다. 나는 영상을 바라보는 관찰자일 뿐, 영상 이미지(나의 생각과 감정)에 잠식당하지 않는다.

그런 다음에는 영상 속 이미지가 들려주는 목소리와 대화를 시도해보자. 나의 내면의 목소리와 대화를 나누는 것이다. 이때 실제로 기록해보는 게 좋다. 먼저 내가 영상 속 이미지에게 말을 건다. 그리고 어떤 이미지가 떠오르면 그것을 따로 기록한다. 이게 끝이다. 이렇게 하는 동안 잠깐 기분이 요동칠 수도 있지만, 금세 익숙해져서 마음의 중심을 잡게 될 것이다. 이처럼 내면의 목소리를 글로 쓰는 행위는 우리의 의식을 집중시키고 자아의 힘을 키우는 효과가 있다.

분석심리학자 칼 융은 실제로 이런 방식으로 자신의 무의식 속의 심상인 아니마anima와 대화를 시도하면서 영감을 얻고 삶의 해답을 찾았다고 고백한 바 있다. 이것을 꾸준히 연습하다 보면, 더 이상 변하고자 하는 갈망을 붙들고 안간힘을 쓸 필요가 없다. 있는 그대로의 나 자신을 받아들여 유연하게 변화할 수 있는 존재로 거듭났기 때문이다. 우리는 이를 '성숙해졌다'라고 표현한다.

다시 말하지만, 자기개념에 집착하는 행동은 진정한 자기 관찰과는 거리가 멀다. 사유하는 습관은 훌륭하나 생각과 감정 그 자체가 '나'라고 착각하지는 말아야 한다. 무엇보다도 자기 자신을 탐구하겠답시고 혼자 너무 심각해지지 말았으면 한다(이 부분은 나도 자주 범했던 오류였다). 우리 인생에는 적당한 유머가 꼭 필요하다. 자기 성찰은 진지하게 하되 무엇이든 가볍게 웃어넘길 수 있는 삶의 여유를 잃어선 안 된다. 나무만 보느라 숲을 전혀 볼 줄 모르면 곤란하지 않은가. 우리는 수단과 목적을 구별해야 한다. 자기 탐구, 자기 관찰은 수단이고, 그것으로 자기가 원하는 인생을 살아가는 것이 진정한 목적이다. 그러니 각자 삶의 형태가 어떠하든 마음을 다해 웃을 수 있는 여유가 늘 함께하기를 바란다.

나를 망치는 폭언에
흔들리지 않는 법

사회적 동물인 인간은 다른 사람과 끊임없이 영향을 주고받으며 살아간다. 무인도에서 완벽하게 고립되어 혼자 사는 게 아닌 이상, 타인으로부터 그 어떤 영향도 받지 않고 살아가는 사람은 단언컨대 없다. 그저 타인을 신경 쓰지 않는 척 훌륭하게 연기할 수 있을 뿐이다. 그렇기에 내 곁에 어떤 사람들이 있는지는 아주 중요한 삶의 문제다. 유유상종이라든가 '내 주변 사람 다섯 명의 평균이 나'라는 말이 있듯이, 좋든 싫든 결국 사람은 비슷한 결을 지닌 사람들끼리 깊은 영향을 주고받으며 살아가게 되기 때문이다.

내가 자각할 수 있는 나의 '의식', 그리고 그 아래 깊숙이 자리한 '무의식'까지도 타인의 영향을 받는다. 특히 나의 무의식에 침투해 내 삶을 좌지우지하는 핵심은 바로 '암시'다.

암시란, 외부의 어떤 말이나 자극을 무비판적으로 받아들이는 심리적 과정을 말한다. 암시의 종류에는 크게 세 가지가 있다. 타자에 의해서 주어지는 타자암시, 스스로 자신에게 주는 자기암시, 집단에서 받는 집단암시다. 여기서 조금 섬뜩하게도 인간은 누군가로부터 타자암시를 받을 때 그게 외부에서 전해진 것이 아니라 자신의 생각이라 믿으며 어떤 태도를 취하거나 판단을 내린다는 사실이다. 일종의 최면 상태와 같다.

우리는 살면서 가족, 친구, 선생님, 미디어, 유명 인사 등으로부터 무수히 많은 타자암시를 받으며 살아간다. 이 중에서 가장 큰 영향을 끼치는 타자암시의 주체는 당연히 부모다. 어릴 때부터 부모에게 받은 타자암시는 나의 무의식에 깊이 각인된다. 이를테면 다음과 같은 말이 그렇다.

"그건 안 돼."

"하지 마."

"넌 왜 이렇게 못됐니. 말 좀 들어."

"우리 집 형편에 그건 어려워."

"주제 파악 좀 해라."

"우린 안 돼."

"그게 되겠니? 분명히 실패할 거야."

이와 같은 부정적인 타자암시를 계속해서 받으며 성장한 자녀는 성인이 되어서도 자신의 무의식에 각인된 메시지대로 살아가게 된다. 가령 부모에게서 사랑받지 못한 채 폭력적이고 엄한 가정환경에서 자란 사람은 세상은 믿을 수 없는 정글 같은 곳이라는 암시를 본인의 깊은 무의식에 새기게 된다. 타자암시라는 사실은 전혀 자각하지 못한 채 세상은 원래 폭력적이고 나쁘다고 생각하며 살아가는 것이다. 이런 생각이 형성된 과정을 세밀히 살피고 치유하지 않는다면, 일찌감치 형성된 무의식대로 삶이 흘러가버리고 만다. 이렇게 성장한 아이는 마치 숙명처럼 부정적인 편견을 가진 채 살아가게 되는 것이다. 부모의 가치관이 자식에게 그대로 대물림되는 이유다.

그렇다면 내 삶을 무너뜨리는 부정적인 타자암시에서 벗어나는 방법은 없을까?

부정적이며 거짓된 타자암시가 나를 뒤흔들지 않도록 하려면 무엇보다 나에게 긍정적인 타자암시를 주는 사람들과 어울리는 게 좋다. 뻔한 소리 같지만 이런 사실조차 인지하지 못하는 사람들이 의외로 많다. 이들은 '인간은 원래 다 추악해'라는 왜곡된 생각의 수렁에 빠진 채 삶을 구원하기 위한 어떤 노력도 하지 않을 가능성이 크다.

하지만 누구나 곁에는 나를 진심으로 응원하고 지지하는 긍정적인 타자암시를 주는 사람들이 분명히 존재한다. 그들을 아직 만나지 못했다고 해서 절망하거나 체념할 필요는 없다. 이제부터라도 만나면 되니까. 그럼 그들을 어떻게 만날 수 있을까? 우리는 늘 자신과 비슷한 결을 지닌 사람을 끌어당긴다. 지금 내 곁에 있는 가까운 사람들이 곧 지금의 내 모습을 비추는 거울인 셈이다. 그러므로 해답은 명확하다. 우선 내가 먼저 긍정적으로 바뀌면 된다.

좋은 사람들을 만나고 싶다면 나의 내면세계부터 청소해보자. 편협한 사람들의 부정적인 타자암시로 오염된 무의식을 정화하기 위해서는 자기 자신에게 긍정적인 암시를 계속하는 게 중요하다. 좋은 책을 읽고 다양한 인생 경험을 쌓음으로써 인간에 대한 통찰력을 기르고, 건강한 생각을 꾸준히 하고 글을 쓰면서 세상에 대한 이해의 폭을 넓혀야 한다. 일상에서는 타인과 자기 자신에게 더 친절해지고, 쓸데없이 죄책감을 느끼지 않도록 도덕적으로 살아야 한다. 여기서 말하는 도덕이란 단순히 남들에게 인정받기 위한 '미덕 과시virtue signalling' 같은 개념이 아니다. 자신의 내면에서 샘솟는 진정한 양심이다. 완벽하지 않은 자신을 있는 그대로 수용하되, 스스로 부끄러움 없이 진실하게 산다는 의미다.

건강한 내면의 토대를 탄탄히 구축하면서 긍정적인 자기 암시를 매일 하는 습관을 형성하자. 아울러 무엇이든 좋으니 타인에게 도움이 되고 세상에 공헌하는 활동을 해보자. 반드시 남들이 나를 알아주지 않아도 상관없다. 스스로 타인을 돕는다는 주관적인 감각만 가진다면 충분하다. 자원봉사나 기부 활동 같은 것도 좋고, 유익한 콘텐츠를 SNS에 업로드하는 일도 타인에게 도움을 주는 방법이다.

이런 활동을 꾸준히 하다 보면, 깊은 무의식 속에 '나는 괜찮은 사람이다'라는 관념이 뿌리내리게 되고, 비로소 외부의 암시에 쉽게 휘둘리지 않는 단단한 사람으로 거듭나게 된다. 그때부터는 누가 함부로 나에게 부정적인 타자암시를 건네더라도 실없는 소리처럼 들릴 뿐이다. 상대의 근거 없는 유치한 말 따위에 영향을 받지 않을 만큼 정신적 수준이 훨씬 더 높아졌기 때문이다.

융은 "무의식을 의식으로 만들기까지 당신 삶의 방향을 이끄는 것, 우리는 그것을 운명이라고 부른다"라고 했다. 나의 무의식을 정화하고 현실에서 타인에게 공헌한다면, 나의 가능성을 함부로 재단하며 이래라저래라하는 부정적인 사람들과는 자연스레 멀어지는 동시에 결이 비슷한 긍정적인 사람들을 끌어당기게 될 것이다. 내 주변 사람들과 환경이 긍정적으로 달라지는 만큼 삶의 방향과 모양도 크게 달라진다. 운명은 그렇게 변화하는 것이다.

나도 모르게
신뢰를 무너뜨리는 나쁜 버릇

우리가 평소에 무심코 하는 행동 중에서는 무의식의 세계에 자기 불신을 키우는 나쁜 버릇도 존재한다. 이는 바로 자기가 내린 어떤 결정을 자꾸만 번복하는 행위다. 이런 일은 일상에서도 자주 일어난다. 하루에 몇 번씩 기분에 따라 카카오톡 프로필 사진을 변경한다든지, 소셜미디어 계정에 올린 게시물들을 며칠에 한 번꼴로 비공개했다 공개했다 한다든지, 누군가에게 댓글을 썼다가 수정했다가 또다시 지우는 행동을 한다든지, DM을 보냈다가 취소했다가 다시 보내는 사소한 행동들도 모두 여기에 포함된다. 어쩌다 한 번은 괜찮지만, 너무 빈번하게 이런 행동을 반복하는 건 본인의 정신에 해롭다. 어째서 그럴까?

인간의 생각 및 감정은 행동과 밀접하게 연결되어 있다.

생각이나 감정이 특정 행동을 유발하기도 하지만, 반대로 행동을 함으로써 특정한 생각과 감정이 만들어지기도 한다. 무의식의 세계에는 우리가 태어나서 했던 모든 경험이 저장돼 있다. 이런 무의식은 생각과 감정에 영향을 끼치기도 하지만, 반대로 생각과 감정이 무의식에 영향을 끼치기도 한다. 따라서 본인이 내린 어떤 결정을 번복하는 행위를 계속하다 보면, 무의식에 '나는 결코 믿을 만한 사람이 못 돼'라는 부정적 자기개념이 차곡차곡 쌓여간다. 처음에 어떤 결정을 내릴 때는 이유와 목적이 분명히 있었을 것이다. 그런데 그걸 스스로 끊임없이 무너뜨린다는 것은 그만큼 본인의 생각에 대한 믿음이 없다는 자기 고백을 하는 셈이다.

처음에는 자신을 도무지 믿을 수 없어서 말과 행동을 자주 바꿨겠지만, 이것이 버릇이 되면 더더욱 자기 자신을 불신하는 악순환에 빠진다. 이유 없이 의견을 계속해서 바꾸면 나에 대한 주변 사람들의 인식도 덩달아 안 좋아진다. '나는 변덕이 심해서 결코 믿을 수 없는 사람입니다'라는 인식을 심어주기 때문이다.

기분에 따라 말과 행동을 바꾸지 않는 연습

자기 자신을 믿을 수 있으려면 두 가지가 필요하다. 자신을 믿을 수 있는 긍정적인 행위를 꾸준히 하는 동시에 자기 불신을 키우는 나쁜 버릇을 버려야 한다. 한번 결정을 내렸다면 웬만하면 번복하지 말자. 그러기 위해서는 애초에 아무 생각 없이 결정하는 게 아니라 어른스러운 책임감을 가져야 한다. 결정을 내렸다면 끝까지 책임지는 연습을 해보자. 여러 선택지 중에서 무언가 결정한다는 것은 내가 선택하지 않은 나머지 것들을 과감히 포기하겠다는 의지 표명이기도 하다. 가령 A 회사, B 회사, C 회사 총 세 군데에서 동시에 합격 통지를 받았다고 가정해보자. 이때 B 회사에 입사하기로 결정했다면, A 회사와 C 회사는 미련 없이 포기하겠다는 뜻이다. 이처럼 선택은 곧 포기이기도 하다. 따라서 내가 내린 결정을 최선으로 만들기 위해 노력하되 선택하지 않은 것들에 대한 미련은 버릴 수 있어야 한다.

건강한 자존감을 형성하는 초기 단계에서는 외부 반응에 쉽게 영향받지 않는 연습도 필요하지만, 무엇보다도 본인의 기분 상태에 따라 태도가 마구 휘둘리지 않도록 내면의 중심을 잡는 연습을 하는 게 중요하다. 쉽게 말해서 '가만히 있는 연습'을 해보는 것이다. 설령 기분이 변덕을 부리더라도 카카오톡 프로필 사진이나 SNS 게시물 같은 것들을 그대로 놔두는 연습을 해보자. 본인 스스로 판단해서 내린 어떤 결정을 순간의 기분에 휘둘려서 부정하지 말자는 것이다.

이런 방식으로 기분을 표현하는 데에는 타인에게 기대고 싶은 심리도 깔려 있다. '이렇게 마음이 힘든 나를 좀 알아달라' 하고 티내는 것이다. 타인에게 습관적으로 기대려는 건 자신을 온전히 믿지 못한다는 것을 의미한다. 물론 사람은 혼자 살 수 없는 사회적 동물이지만, 지나친 의존 심리는 건강하지 못하다.

자기 자신을 믿는 사람들은 그런 식으로 변덕스러운 기분을 표출하지 않는다. 자신의 감정을 스스로 다스릴 수 있는 내면의 힘이 있기 때문에 그럴 이유가 없는 것이다. 물론 어떤 결정이나 말을 한번 했다고 해서 절대로 바꾸지 않고 끝까지 지켜야 한다는 소리는 아니다. 오류를 발견했다면 고치는 게 맞고, 오늘보다 더 바람직한 내일의 변화라면 환영이지만, 본인의 삶을 좀먹는 변덕만큼은 피해야 한다. 타인의 평가 때문이 아니라 본인의 정신건강을 위해서다. 주체적으로 유연하게 변화할 수 있으려면 내면의 중심부터 잘 잡아야 하고, 내면의 중심을 잘 잡으려면 행동부터 중심을 잡을 수 있어야 한다. 그러기 위해서 결정을 번복하는 나쁜 버릇은 버려야 한다.

혹시 나에게 그런 버릇이 있었다면, 이제부터는 '잘 견디는 연습'을 해보자. SNS에 올린 게시물이나 프로필 사진 따위를 그대로 두어도 아무 일 없이 괜찮다는 사실을 깨닫는 경험을 계속 쌓아야 한다. 기분에 따라 자주 결정을 번복했던 사람이라면 아마도 익숙하지 않아서 처음에는 힘들지도 모른다. 그러나 한 번이라도 변덕스러운 기분에 휘둘리지 않고 내면의 중심을 잡는 데 성공했다는 그 성취감을 느껴보는 게 중요하다. 내면의 진정한 변화는 그런 사소한 행동에서부터 시작한다.

쎄한 느낌은
언제나 믿어도 될까?

　살다 보면 누군가에게 '쎄한 느낌'을 받을 때가 있다. 촉이 예민한 사람이라면 연인이나 배우자가 몰래 바람을 피우거나 가까운 지인이 뒤에서 허튼짓을 하고 다닐 때, 불현듯 쎄한 느낌이 들었던 경험이 있을 것이다. 이런 느낌에는 어떤 원리가 있을까? 이런 느낌을 100퍼센트 믿어도 되는 것일까?

　쎄한 느낌이란, 원인을 꼭 집어 말할 수 없는 불편한 감정이다. 뇌에 이미 심어진 어떤 패턴으로 상황을 알아보는 능력인 셈이다. 이를테면 상대의 사소한 눈빛이나 태도가 예전과는 묘하게 달라졌을 때 받는 이질감, 혹은 상대가 뭔가 나를 속이고 있다는 불길함 같은 것이다. 이런 경우라면 원인은 상대에게 있는 셈이다. 특히 연인이나 배우자, 가족처럼 서로에 대해 잘 알고 있는 사람에게 이런 느낌을 받는다면, 맞을 가능성이 크다. 이때는 자신의 촉을 무시하지 말고 상황을 더 면밀히 확인해볼 필요가 있다.

촉 내지는 직감은 생존에 도움이 될 때가 많다. 잘 모르는 누군가가 왠지 이상한 사람 같아서 조금 거리를 뒀는데, 나중에 알고 보니 정말 이상한 사람이었던 경험이 누구나 한 번쯤은 있을 것이다. 실제로 인간의 직감은 원시시대 때부터 복잡한 사고 과정을 건너뛰고 눈앞의 위험을 순간적으로 파악해 피할 수 있도록 돕는 생존 전략이었다. 어떤 의미에서 당신과 나를 비롯한 우리 모두는 촉이 좋아서 생존과 번식에 성공한 조상들의 후예인 셈이다.

현대인의 생물학적 구조는 3만 5000년 전 크로마뇽인과 별반 달라진 게 없다. 원시시대에는 낯선 타인이나 어떤 대상에게 불편한 느낌이라든가 위협을 받을 때, 본능과 직감에만 의존하여 빠르게 대응하는 것이 행동에 도움이 되었겠지만, 현대사회에서 그런 식의 태도는 도움이 안 되거나 불필요한 갈등과 오해를 낳기도 한다. 인간은 완벽한 존재가 아니라서 촉이 오류를 범할 때도 의외로 적지 않기 때문이다. 특히 깊은 내면에 어떤 편견이나 아물지 않은 상처가 있어서 특정한 순간에 뇌의 편도체가 과도하게 활성화되어 두려움을 느끼거나, 성격장애가 있지만 스스로 인지하지 못할 가능성도 있다. 이럴 때는 상대가 아니라 내가 미처 자각하지 못한 내부 요인이 쎄한 느낌의 원인이다. 이런 경우에 나의 촉은 부정적인 방향으로 자기 충족적 예언을 낳기도 한다.

예를 들어 토니라는 사람이 팔에 문신이 있는 뚱뚱한 남자 크리스에게 불미스러운 일을 겪고 일종의 피해 의식이 생겼다고 가정해보자. 개성이 뚜렷한 크리스는 건달이 아니라 수학과 교수였다. 토니는 앞으로 살면서 팔에 문신이 있는 과체중인 남자를 만날 때마다 그 사람의 실체와는 상관없이 부정적인 촉을 느낄 것이다. 이 경우에는 상대방과 제대로 친분을 쌓기도 전에 관계가 안 좋게 끝날 가능성이 크다. 상대가 팔에 문신이 있고 뚱뚱하다는 이유만으로 사사건건 그의 의도를 의심하면서 방어적·적대적으로 굴 테니 말이다.

위의 예시에서는 토니의 부정적인 선입견이 아직 잘 모르는 상대와의 관계를 안 좋게 만들었다. 이것을 심리학에서는 '노시보 효과Nocebo Effect'라고 하는데, 약효에 대한 부정적인 믿음 때문에 실제로 부정적인 결과가 나타나는 현상을 의미한다. 토니는 관계의 긍정적인 가능성을 스스로 차단해버렸다는 사실은 간과한 채 이번에도 본인의 촉이 결국 옳았다고 굳게 믿을 것이다. 스탠퍼드대학교 심리학과 교수인 레온 페스팅거Leon Festinger는, 인간은 이성적인 존재가 아니라 합리화하는 존재라고 말했다. 자기 자신을 근본부터 성찰할 수 있는 특별한 계기가 생기지 않는 한, 토니의 부정적인 편견과 피해의식은 시간이 흐를수록 점점 굳어질 것이고, 급기야 팔에 문신을 한 뚱뚱한 남자는 무조건 믿고 걸러야 한다고 주장하는 편협한 사람이 될 수도 있다.

'쎄하다'라며 타인을 판단하는 사람들의 심리

'대혐오의 시대'라고도 불리는 오늘날 한국 사회에서는 아직 잘 모르는 사람에게 쎄한 느낌을 받으면 무조건 믿고 거르라며 지나친 자기 과신을 종용하는 사람들이 부쩍 많아졌다. 그런데 이런 태도가 과해지면, 지적 게으름을 불러일으켜 오판을 낳을 가능성이 커진다. 프랑스 심리학자 장 프랑수아 마르미옹Jean-Francois Marmion은 《내 주위에는 왜 멍청이가 많을까》에서 멍청함과 지적 게으름, 자기만족, 자기도취는 함께 나타나며 부실한 직감에만 과도하게 의존할 가능성이 커진다며, 자신의 생각과 반응이 무조건 옳다는 것은 멍청한 생각이라고 딱 잘라 말한다. 멍청한 인간은 오직 자신의 증언, 경험과 느낌만 중요시한다는 것이다. 심리학자 대니얼 카너먼의 말처럼, 우리의 직관은 옳을 때도 많지만 틀릴 때도 많다.

그럼 왜 어떤 사람들은 '쎄하다'라는 자신의 주관적인 느낌만으로 타인을 쉽게 판단하는 걸까? 마르미옹의 말마따나 단순히 지적 능력이 떨어져서일 수도 있겠지만, 여기에는 크게 세 가지 심리가 감춰져 있다.

첫째, 과거에 이유 없이 누군가에게 미움을 받았거나 배척당했던 마음의 상처가 그 사람의 무의식에 새겨져 있을지도 모른다. 즉 어렸을 때 특정 집단이나 인물에게 무시와 차별을 받았거나 따돌림당했던 경험이 있을 수 있다. 이러한 피해의식이 타인에 대한 부정적인 느낌을 낳은 건 아닌지 돌아볼 필요가 있다. 자신의 상처받은 자존감을 고양하기 위한 무의식적인 전략으로써 '찰나의 느낌'만으로 자꾸 타인을 부정적으로 판단하고 밀어내는 행동을 반복하는 것이다.

둘째, 이유 없이 싫은 사람을 마음껏 혐오하고 배척하기 위한 손쉬운 명분으로 삼는 것이다. 객관적으로 상대에게 아무 문제가 없는데도 그냥 싫어서 '쎄한 사람'이라고 쉽게 판단해버렸을 수도 있다는 뜻이다. 그러나 엄밀히 따지면 싫은 이유를 스스로도 알지 못하는 상태일 수 있다. 이런 경우, 자신의 무의식 속 그림자가 상대방에게 투사되었을 가능성이 크다. 여기에서 말하는 '그림자'란 융의 분석심리학 용어로, 숨기고 싶을 정도로 불쾌하고 부정적이고 어두운 내면의 요소들이다. 그리고 '투사'란 죄책감이나 수치심, 열등감 등을 느끼지 않기 위해 내 안에 있는 부정적인 감정들을 상대에게 뒤집어씌우는 방어기제다. 스스로 인정할 수 없는 감정이나 충동 등을 자신이 아닌 상대가 가지고 있다고 여기는 것이다.

타인은 나의 내면을 비추는 거울이다. 만약 잘 모르는 누군가가 이유 없이 불편하거나 쎄하게 느껴진다면 스스로 인정하고 싶지 않은 그림자를 타인이라는 거울을 통해서 봤기 때문일 수도 있다. 수많은 에세이와 자기계발서에서 회피하고 있는 불편한 진실은, 우리 자신도 누군가에게는 쎄한 사람이 될 수 있으며, 나에게 심리적인 문제가 있을 수도 있다는 것이다. 그러므로 피해의식에 젖은 편협한 세계관에서 벗어나 공정한 눈으로 세상을 또렷이 바라보며 건강하게 살아가고자 한다면 이 점을 간과해서는 안 된다.

나에게 쎄한 사람 ≠ 80억 전 인류에게 객관적으로
이상한 사람

= 내가 그냥 이유 없이 싫은 사람

= 나의 무의식 속 그림자가 투사된
사람

"쎄한 사람은 무조건 걸러라" = 이유 없이 싫은 사람을 마음껏
혐오하고 배척하기 위한 손쉬운
명분

셋째, 타인을 쎄한 사람이라고 단정 짓고 싶은 심리 아래에는 자신은 그런 사람이 아니라는 불안감에서 비롯된 인정 욕구가 숨어 있을지도 모른다. '불편한 느낌이 드는 사람은 피해라'라는 말은 '음식에서 이상한 냄새가 나는 것 같다면 먹지 마라. 상한 음식일 수도 있으니까'처럼 누구나 알 법한 상식이라서 굳이 강조하는 게 오히려 이상하다. 그럼에도 이런 사실을 남들 앞에서 자꾸 언급하는 것은 자기 내면의 불안감 때문일 수 있다. 마치 냉전 시대 때 타인을 무작위로 빨갱이라고 몰았던 이들의 무의식에 자신도 빨갱이로 몰릴지 모른다는 공포와 불안이 잠재해 있던 것과 비슷하다.

물론 쎄한 느낌을 섣불리 무시해서는 안 된다. 자기 자신

을 믿고 건강한 직감을 계발해 인생에 활용하는 건 바람직하지만, 지나친 자기 과신은 경계해야 한다. 스스로 만든 '망상의 덫'에 빠질 수 있기 때문이다. 우리는 촉이 틀렸던 경험들은 대부분 망각하고, 느낌이 잘 맞았던 몇 번의 경험만 강렬한 기억으로 저장한다. 쎄한 느낌은 전 생애에 걸친 빅데이터가 무의식적으로 작용한 것이므로 무조건 믿어야 한다고 말하는 사람도 있는데, 바로 그 이유 때문에 자신이 만든 오류에 스스로 빠질 수도 있는 것이다.

특별한 이유 없이 누군가에게 부정적인 느낌이 든다면, 먼저 지금 왜 이런 느낌이 드는지 자기 자신을 알아가는 시간으로 삼아보자. 내면이 건강한 사람일수록 자기 과신의 함정에 빠지지 않는다. 혹여 그렇게 되더라도 스스로 탈출할 수 있는 용기와 지성을 갖고 있다. 성숙한 사람은 감정의 원인을 무조건 타인에게 돌리기보다는 자기 안에서 찾는다. 이는 인생의 온전한 주인으로 감정을 스스로 책임지려는 주체적인 태도다. 그러므로 쎄한 느낌이 든다면 섣불리 상대를 부정적으로 판단하고 단정 짓기보다는 그와의 관계에서 어떠한 요인이 유난히 나를 불편하게 만드는지 자문자답해보자. 그것이 외부에 있든 내부에 있든 일단은 감정의 결을 따라가며 손수 기록해보는 것이 좋다. 더 나아가 인지 편향

에 의한 왜곡된 촉이 아닌, 스스로 신뢰할 수 있는 예리한 직
감과 탁월한 직관력을 함양한다면 더할 나위 없겠다. 이런
꾸준한 자기 성찰과 자기 훈련의 시간을 거치며 우리는 한
층 더 단단하고 성숙한 사람으로 거듭날 것이다.

✦

아무리 책을 읽어도
문제가 해결되지 않는다면

내가 심리학 공부를 시작한 이유는 내적으로 고통받는 나 자신을 이해하고 싶어서였다. 사람의 마음이 작동하는 방식을 이론적으로 이해할 수 있다면 마음의 문제를 해결하는 데 도움이 될 것 같았다. 비록 적지 않은 세월이 들었지만 실제로 효과가 있었다. 심리학 이론을 토대로 자아성찰을 꾸준히 하면서부터 삶이 조금씩 달라진 것이다. 완벽하지 않은 나를 미워하지 않고 받아들일 수 있게 되었고, 내가 갖고 있는 인지 편향과 방어기제, 편견, 그리고 무의식 속의 욕망과 콤플렉스, 그림자 인격을 자각함으로써 나라는 사람을 이해하게 되었다.

그렇지만 나의 심리적인 문제를 단순히 머리로만 이해하고 해결하려 했던 건 아니다. 만약 그랬다면 나는 아마 실패했을 것이고, 여전히 나를 감당하지 못했을지도 모른다. 단순히 머리로 지식을 암기하는 것과 나의 무의식적인 영역에서 작동하는 감정의 문제를 푸는 것은 다르기 때문이다.

심리학 책을 독파해서 관련 지식을 차곡차곡 쌓아두면 문제의 실마리를 찾아낸 듯한 기분과 지적 포만감이 들어 잠시나마 마음이 편해질 수는 있다. 하지만 그것은 근본적인 해결책이 되지 못한다. 나의 내면에서 트리거(심리적인 방아쇠)를 작동시키는 특정 상황에 닥치면, 그간 쌓아둔 심리학 지식은 아무런 힘을 발휘하지 못할 가능성이 크기 때문이다. 아무리 의식해서 이성적으로 판단하겠다고 다짐해도 특정 상황에서는 이성이 마비되고 마는 것이다.

예로, 투사 방어기제에 대한 심리학 지식을 잘 이해했고, 평소에 내가 타인에게 투사를 자주 한다는 사실도 자각했다고 가정해보자. 앞으로는 투사를 하지 않겠다고 다짐하지만, 막상 현실 속 누군가와의 관계에서 불안을 느끼면, 투사에 대한 심리학 지식은 완전히 무용지물이 되고 만다. 애꿎은 상대방에게 또다시 투사를 하고 있는 내 모습을 보게 될 뿐이다. 근본적인 나의 무의식은 변하지 않았기 때문이다. 오히려 공부에만 매달리느라 진짜 마음으로부터 소외되는 부정적인 효과가 생길 수도 있다. 감정에서 자신을 분리하고,

이성적이고 지적인 분석으로 문제에 대처하고자 하는 방어 기제를 '주지화intellectualization'라고 한다. 주지화에 매몰되면 내가 왜 이러는지 머리로는 이해하는데 도무지 감정을 다룰 수가 없고 심지어 자신의 진짜 감정이 무엇인지조차 알지 못하게 된다.

그러므로 심리학 공부를 열심히 하더라도 주객이 전도돼서 내 마음을 들여다보는 일을 소홀히 해서는 안 된다. 이론은 어디까지나 마음을 이해하는 데 도움을 주는 보조적인 도구일 뿐이고, 근본적인 목표는 내 마음에 집중해 무의식을 긍정적인 방향으로 변화시키는 것이다. 나에 대해 더 잘 이해하고 마음의 문제를 해결하기 위해서는 심리학 책을 읽는 것보다 감정 일기를 매일 꾸준히 쓰는 게 도움이 될 수 있다. 지금 내가 왜 이런 감정을 느끼는지, 아무도 보지 않는 곳에 솔직하게 글로 써보는 것이다. 내가 나에게 세상에서 가장 진실한 친구가 되어 내 감정을 진심으로 헤아려준다면 삶은 서서히 달라지기 시작한다.

자기 자신에게 언제나 진실할 것. 남들이 다 보는 앞에서 융통성 없이 모든 속내를 전부 드러내라는 소리가 아니라 홀로 있는 자기 자신에게 솔직해지라는 의미다. 진부한 표현 같지만, 막상 현실에서 이 당연한 말을 제대로 실천하지 못하는 사람들이 의외로 많다. 자신의 마음속에서는 그 어떤 것도 다 허용해주자. 누군가를 죽이고 싶을 정도의 극단적인 분노조차도 마음속에서만큼은 허락해도 된다. 현실에서 실제 행동으로 옮기는 것과 마음에서 일어나는 감정을 인정하는 건 전혀 다른 문제다. 개인으로서는 겉과 속을 꼭 일치시킬 필요도 없을뿐더러 완벽히 똑같이 만드는 것도 불가능하다.

그러나 대인관계에서는 앞뒤의 태도가 같을수록 좋다. 앞뒤가 다르지 않은 사람이 되기 위해서는 어떻게 해야 할까? 아이러니하게도 겉과 속이 항상 같아야 한다는 강박, 다르게 표현하면 페르소나 없이 언제나 자신의 민낯을 있는 그대로 드러내야 한다는 강박에서 벗어나야 한다. 자신의 마음을 자유롭게 풀어준 사람일수록 현실에서 바람직한 행동을 하는 반면, 평소 자기 마음을 강하게 억압한 사람일수록 예기치 않은 순간에 우발적인 범죄나 이상행동을 일으키는, 앞뒤가 전혀 다른 위선자로 전락할 확률이 높다. 겉과 속이 일치해야 한다는 강박에서 멀어질수록 내면이 건강한 사람이 될 수 있다는 이야기다.

내 마음과 대화를 나누고 이를 솔직하게 표현해보자. 글로 쓰는 게 가장 편하겠지만, 꼭 글이 아니어도 된다. 중요한 건 내 감정을 진실한 눈으로 들여다보며 잘 표현하는 일이고, 그 방법은 여러 가지가 될 수 있다. 그림으로 그려도 좋고, 시를 써도 좋고, 춤을 춰도 좋으며, 음악으로 표현해도 좋다. 내가 처음 선택한 분야는 음악이었다. 나는 성인이 되어서 작곡을 시작했는데, 음악 작업을 하면서 내 감정을 솔직하게 표현할 수 있었고 무엇보다도 새로운 분야에 도전하면서 자신감이라는 선물을 받았다. 내가 우울장애를 극복할 수 있었던 이유가 전적으로 음악 덕분이었다고 말할 순 없지만, 그 시절에 음악이 없었다면 지금의 나는 존재하지 않았을 것이다. 음악이라는 무기를 손에 넣은 후부터 나는 달라지기 시작했다. 음악이 아니라 어떤 분야든 상관없으니, 창작 활동만큼은 꼭 해봤으면 좋겠다. 그림 그리기든, 글쓰기든, 도자기 공예든, 뭔가를 직접 만들어내는 활동은 자신의 감정을 마주하고 승화하는 데 많은 도움이 될 것이다.

6장

누구보다도 나에게
좋은 사람으로 살아가기

진짜 '좋은 사람'은
어떤 특징을 가지고 있을까?

1990년대 발표된 곡인 가수 베이시스의 〈좋은 사람 있으면 소개시켜줘〉라는 노래는 그동안 여러 번 리메이크되었다. 이 노래에서 말하는 좋은 사람이란 과연 누굴까? 남녀 사이에서는 상대방에게 다정하고 친절하며 말을 예쁘게 하는 등의 이미지가 떠오를 것이다. 직장에서는 동료와 상사 앞에서 눈치 빠르고 예의 바르게 행동하며 업무 능력도 뛰어난 사람을 말할 것이다. 이처럼 우리는 보통 자신이 아닌 다른 사람에게 하는 태도, 즉 남에게 얼마나 유무형의 이득을 줘서 좋은 평판을 얻었는가로 좋은 사람을 판단하는 경향이 있다. 너무나 상식적인 이야기처럼 보이겠지만, 개인이 쓰고 있는 껍데기인 '사회적 가면'만을 보고 판단하는 건 자칫 위험할 수 있다.

동서고금의 위대한 현자들이 말했듯이, 우리는 겉모습만 보고 타인을 단정 짓는 태도를 경계해야 한다. 실제로 대중적인 이미지는 상당히 좋았는데, 알고 보니 사생활에서 온갖 추악한 만행을 저질러서 물의를 일으킨 유명인들을 목격할 때가 종종 있다. 따라서 우리는 사람의 단면만을 보고 속단할 게 아니라 입체성을 띤 대상의 본질을 보는 안목을 갖춰야 한다.

좋은 사람에 대한 기준은 사람마다 다르겠지만, 나는 사회적 가면이 아니라 개인의 고유한 자질을 중요하게 생각한다. 만약 그가 다음과 같은 사람이라면, 나는 그를 좋은 사람이라고 생각할 것이다. 그 사람이 나에게 아무런 이득을 주지 않더라도, 심지어 나를 전혀 알지 못하더라도 괜찮다. 이해관계와 상관없이 존재being만으로도 좋은 사람일 테니까.

1. '진실'에 진심인 사람

판단은 언제나 진실에서부터 출발해야 한다. 진실에 진심인 태도는 지성의 핵심이기도 하다. 이 말은 누군가가 진실에 진심이라고 해서 그가 하는 모든 말이 완벽하게 옳다는 뜻은 아니다. 전지전능한 신이 아닌 이상 그건 불가능하다. 따라서 이를 파악할 수 있는 지표는 그가 자신의 오류까지도 정직하게 인정하고 수정할 수 있는지에 달려 있다. 이런 사람은 자신의 비非진실과 더불어 인간의 뇌가 불완전하다는 진실까지도 인식할 수 있기 때문이다.

프린스턴대학교 철학과 명예교수인 해리 G. 프랭크퍼트Harry G. Frankfurt는《개소리에 대하여》에서 진실이 무엇인지에 전혀 관심을 기울이지 않는 사람을 '개소리쟁이'라고 표현했다. 그런 사람은 개소리와 속임수에 취약한 사람이 되기 십상이다. 비유하자면, 진실에 전혀 관심이 없는 사람은 개소리를 일삼는 '사이비 종교 교주' 아니면 그 개소리를 곧이곧대로 믿는 '사이비 종교 광신도'가 되기 쉽다.

진실은 현재 내 기분 상태나 생활 여건을 배려하지 않는다. 그래서 웬만큼 심리적으로 건강하지 못하면 진실을 직면하기 힘들다. 그렇기에 자아가 건강한 '좋은 사람'은 진실이 불편하더라도 겸허히 받아들일 용기를 내야 한다. 자신이 진실이라고 믿고 싶어 하는 것이 아닌, 진실 그 자체를 추구해야 한다는 뜻이다.

만약 어떤 사람이 '좋은 사람'이라는 평판을 얻었음에도, 진실 따위에는 관심을 갖지 않거나 거짓말과 개소리를 일삼는다면 그 사람은 지금까지 좋은 사람 코스프레를 해온 위선자일 가능성이 크다.

2. 내면의 위선을 인정하고 선을 추구하는 사람

위선은 겉으로만 착한 척하면서 선한 이미지를 타인에게 각인시키는 기만행위다. 자신이 내뱉은 말과 실제 행동이 다른 것을 말하는데, 예를 들면 자신의 책과 강연에서는 뒷담화를 삼가라던 작가가 사생활에서는 편을 가르고 이간질하는 경우가 있다.

위선은 오히려 악보다 더 교활하게 느껴질 때가 있다. 원래 악한 사람에겐 애당초 아무런 기대를 하지 않지만, 위선자에게는 애정과 신뢰를 가지고 있었던 만큼 배신감이 어마어마하기 때문이다. 선한 이미지를 꾸며내어 사적인 이득을 취하는 데에만 혈안이 된 위선자들은 주변 사람들이 무엇이 위선이고 선인지를 분간하지 못하도록 가스라이팅을 한다. 선에 대한 인간의 믿음을 교란시키고 세상에서의 방향 감각을 잃게 만드는 것이다.

그런데 유감스럽게도 우리는 누구나 예외 없이 가슴 한편에 위선을 안고 살아간다. 심리학자 조너선 하이트 교수는 저서 《바른 마음》의 프롤로그에서부터 인간을 위선적인 존재라고 표현한다. 그는 먼 옛날부터 위대한 현인들을 통해 전해지던 중요한 메시지는, 우리는 누구나 독선적 위선자라는 사실을 깨달아야 한다는 것이라고 말한다.

어찌하여 너는 남의 눈 속에 있는 티는 보면서, 네 눈 속에 있는 들보는 깨닫지 못하느냐?

네 눈 속에는 들보가 있는데, 어떻게 남에게 말하기를 '네 눈에서 티를 빼내줄 테니 가만히 있거라' 할 수 있겠느냐? 위선자야, 먼저 네 눈에서 들보를 빼내어라. 그래야 네 눈이 잘 보여서, 남의 눈 속에 있는 티를 빼줄 수 있을 것이다.

_〈마태복음〉 7:3-5

원만한 인간관계를 유지하기 위해 때로 선의의 거짓말이 필요하듯이, 위선도 때때로 사회를 유지하는 데 도움이 된다. 그렇다고 해서 위선을 떨면서 남들 앞에서는 선을 행하는 식으로 자신을 포장하거나 위선도 선이라며 합리화를 시도하는 건 그야말로 뻔뻔한 행위다. 이건 마치 선의의 거짓말도 진실이라고 우기는 것과 같다. 필요에 따라 불가피하게 위선을 행하더라도 그것이 위선이었다는 사실을 스스로 인정할 줄 알아야 그나마 건강한 사람이다.

이렇게 생각하는 사람은 정직한 사람이므로 위선을 넘어 진정한 선을 향해 발돋움할 수 있다. 좋은 사람이란 남이 아닌 자기 내면의 위선부터 겸허히 인정할 만큼 정직하며 진정한 선을 행하려고 노력하는 사람이다. 그만큼 지성과 양심이 건강하게 바로 서 있다는 의미다.

3. 자기기만을 하지 않고자 노력하는 사람

제아무리 진실을 추구하고, 선과 위선을 분별해서 진정한 선을 행한다고 혼자 떠들어도 자기기만에 빠져버리면 답이 없어진다. 자기기만이란 거짓임을 알면서도 자기 자신을 속여 설득하는 행위다. 예로, 의학적으로 볼 때 심각한 알코올 의존 증세가 있으면서도 불쾌한 진실을 회피하고자 자신은 절대로 중독이 아니라면서 스스로를 속이는 경우가 그렇다.

모든 인간은 불완전하고 모순적이다. 그렇기에 끊임없이 자신을 돌아보지 않으면 언제든 사고의 함정에 빠질 수 있다는 겸허한 마음을 가져야 한다. 늘 내면을 섬세하게 돌보되 약간의 융통성은 갖고 살았으면 한다. 때론 선의의 거짓말이 필요하듯, 때론 내면의 평화를 위한 선의의 자기기만도 필요하다. 이것은 일종의 자기암시로 엄밀히 말하면 자기 자신을 능동적으로 속이는 행위다. 결론적으로 삶에 독이 되는 지나치게 방어적이고 병적인 자기기만에서 벗어나야 한다는 것이다.

혹 자기기만에 빠진다면 합리화를 하지 말고 늪에서 빠

져나올 수 있어야 한다. 그러기 위해서 늘 스스로 깨어 있기 위해 노력해야 한다. 진실을 추구하되 스스로 세운 진실이라는 좁은 벽에 갇히지 않도록 이 광활한 우주에는 내가 알고 있는 단 하나의 진실만 존재하는 게 아니라 또 다른 타당한 진실이 존재할 수 있음을 받아들여야 한다. 아울러 내가 이제껏 진실이라고 믿어왔던 것이 어쩌면 진실이 아닐 수도 있다는 가능성 또한 열어두어야 한다.

타인이 측정할 수 없는 개인의 고유한 가치

'사람의 가치는 타인과의 관계로만 측정될 수 있다'라는 말이 있다. 타자와의 관계가 인간 존재의 중요한 요소라는 측면에서 앞의 문장은 어느 정도 일리가 있다. 그러나 이것만으로는 충분하지 않아 보인다. 예컨대 누구와도 연결되지 않은 채 홀로 고요하게 명상하는 동안에는 아무 가치가 없는 존재인가? 사람의 가치를 '타인과의 관계'라는 도구로 측정할 수는 있지만, 그것만으로는 설명이 어려운 고유한 가치도 존재한다고 생각한다.

우주를 예로 들어보자. 이 광활한 우주의 전체 크기는 알 수 없다. 그러나 인간이 물리적으로 관측할 수 있는 영역, 즉 '관측 가능한 우주'는 지구를 중심으로 반지름 약 465억 광년 크기의 구 형태다. 이 영역을 제외한 나머지 부분은 '관측 불가능한 우주'라고 한다. 관측 불가능한 우주는 우리 우주와 똑같지만, 우주의 팽창 속도가 빛의 속도보다 빠르기 때문에 말 그대로 관측할 수가 없다. 여기서 중요한 건 관측이라는 개념도 어디까지나 우주의 티끌보다도 작은 인간의 관점일 뿐이라는 사실이다. 즉 우주의 관점에서는 인간이 어떻게 규정하든 상관없이 우주는 어디에나 존재한다.

인간이라는 소우주小宇宙도 이와 비슷하다고 생각한다. 타인과의 관계에서 생기는 개인의 가치와, 타인과의 관계와는 상관없는 내적인 가치를 합친 것이 한 사람의 진정한 가치다. 어쩌면 "가장 중요한 것은 눈에 보이지 않아"라는 어린 왕자의 말처럼 한 사람의 진정한 가치는 타인과의 관계에서는 측정할 수 없는 영역에 존재하는 게 아닐까.

그렇다면 외부에서 측정할 수 없는 개인의 고유한 가치는 나와 나 자신의 관계에 달려 있다는 이야기다. 이것은 내가 나의 생각과 감정을 알아차리고, 깊은 내면에서부터 스스로 가치를 창조하며 진실한 삶을 살아가는 태도다. 달리 표현하면, 한 번뿐인 소중한 인생에서 자기self를 실현actualization

하는 일인 것이다. 향상심向上心을 갖고 한 인간으로서의 성숙과 완성을 위해 진심으로 노력하는 '진짜 좋은 사람', 다시 말해 '온전한 사람'이 될 때 삶의 불안, 우울, 외로움, 공허감 등 여러 정서적 어려움을 스스로 극복할 수 있는 내면의 힘을 얻는다.

이런 사람들은 남들이 지켜보고 있어서 좋은 사람인 척 연출하는 게 아니라, 자신의 내면에 온전히 뿌리내린 도덕적 선택을 함으로써 순수한 기쁨과 희열을 체험하고자 한다. 핵심은 자기 자신에게 늘 진실하며 고유한 나를 완성해 나가는 여정을 죽는 날까지 꾸준히 이어가는 것이다. 이는 마치 수학의, 무한히 뻗어가는 곡선에 한없이 근접하지만 절대로 닿지 않는 '점근선'과 같은 개념이다. 이 순간 어디에 서 있든 바로 지금, 여기에서 그런 방향으로 한 걸음 한 걸음 나아가고 있다면, 당신은 이미 좋은 사람이다.

내면을 건강하게 채우는
5가지 방법

누구나 한 번뿐인 인생을 행복하게 살고 싶을 것이다. 행복한 삶은 건강한 육체와 정신에서 비롯되는데, 특히 내면이 건강할 때 삶의 조건에 연연하지 않고서도 온전한 행복을 누릴 수 있다. 그렇다면 내면이 건강한 사람은 어떤 특징이 있을까? 지금 스스로가 건강하지 않다고 생각한다면, 내면이 건강한 사람들의 특징을 나침반으로 삼아 내 삶에 적용해보자. 틀림없이 앞으로 행복한 인생을 살아가는 데 큰 도움이 될 것이다.

1. 자기 성찰 능력이 높다

내면이 건강한 사람은 자신의 감정을 잘 알고 다스리며, 몸의 컨디션과 행동을 잘 조절한다. 아울러 자기 자신이 현재 무엇을 알고 모르는지, 또 무엇을 할 수 있고 없는지를 객관적인 관점에서 파악한다. 내면이 건강한 사람들은 현재를 살아가되, 자신의 과거에서 교훈을 얻어 미래를 계획하고 실행할 수 있다.

자기 성찰 능력이 높다는 것은 스스로 오류를 발견하고 개선할 만큼 지능이 상당히 높다는 뜻이기도 하다. 높은 자기 성찰 지능intrapersonal intelligence 덕분에 인간의 뇌가 가지고 있는 수많은 인지 편향, 편견, 인지 왜곡, 고정관념, 방어 기제 등을 인식해 최선의 의사결정을 할 수 있다.

2. 감정을 억압하지 않는다

인류는 오랫동안 이성을 편애하고 감정을 도외시했다. 감정은 나약하고 불완전하므로 인간이 저지르는 대부분의 오류를 감정 때문이라고 보았다. 지금도 여전히 그런 편견을 가진 사람들이 많을 것이다. 그러나 21세기 전후의 현대 심리학은 이성이 감정보다 더 우수하다는 생각이 틀렸다는 사실을 밝혀냈다. 감정의 힘이 위대하다는 사실을 우리는 여태 몰랐던 것이다.

감정에 휘둘리지 않도록 스스로 조절하는 것과 감정을 무턱대고 부정하고 억누르는 건 다르다. 내면이 건강한 사람들은 어떤 감정이든 마음껏 느낀다. 이들은 현명하게 판단하기 위해 감정을 억압하지 않으며, 오히려 감정을 잘 활용해야 한다는 사실을 알고 있다.

3. 결핍감이 비교적 적다

인간은 누구도 완벽하지 않다. 누구나 단점과 약점이 있고, 남모를 콤플렉스도 하나쯤은 있기 마련이다. 내면이 건강한 사람이란 약점이 있어도 스스로를 긍정할 수 있는 사람을 말한다. 다시 말해, 결핍을 극구 부정하기보다는 이를 인정하고 성장하고자 노력하는 과정에서 결핍감이 해소된다는 사실을 아는 사람이다.

결핍과 결핍감은 의미가 서로 다른데, 똑같은 크기의 결핍이 있더라도 느끼는 결핍감은 사람마다 다를 수 있다. 외적인 성취로 결핍된 부분들을 아무리 채운다 한들, 자존감이 낮으면 밑 빠진 독에 물 붓기일 뿐이다. 항상 다른 사람들과 비교하면서 '나는 결코 충분하지 않다'라는 끝없는 불만족감과 결핍감에 시달리게 된다. 인간에게 결핍이 아예 없을 수는 없겠지만, 내면이 건강한 사람들은 열등감이나 인정 욕구 같은 내면의 결핍감은 비교적 적은 편이다. 운 좋게도 원래부터 결핍이 적은 성장 배경을 가졌을 수도 있고, 아

니면 부단한 노력으로 결핍감을 해소했을 수도 있다. 결핍
감이 적은 만큼 이들은 늘 마음의 여유를 가지고 만족스러
운 삶을 살아간다.

4. 순수한 선의를 가지고 살아간다

선의란 선을 행하려는 착한 마음이다. 내면이 건강한
사람은 가슴 속에 순수한 선의가 살아 있다. 자신이 타인에
게 조금이나마 도움이 되고, 세상에 기여하고 싶은 마음이
있는 것이다.

앞뒤가 극명하게 다른 위선적인 사람은 남들에게 신뢰와
호감을 얻은 후 막대한 이득을 챙기기 위해서 보여주기식
선행에만 집착한다. 그러나 내면이 건강한 사람들은 선 자체
를 순수하게 추구하는 마음으로 살아간다. 이들은 자신의 선
행을 칭찬해줄 목격자가 주변에 없어도, SNS에 인증샷을 올
리지 않더라도 그저 일상처럼 조용히 선을 행한다.

5. 결국 본인이 하고 싶은 걸 하면서 산다

사람은 내면이 건강할수록 주체적이고 자유로운 삶
을 추구한다. 본인이 좋아하고 원하는 일을 본업으로 삼아
서 돈까지 잘 벌 수 있다면 좋겠지만 꼭 그럴 필요는 없다.

진짜 하고 싶은 걸 취미로 삼아도 좋고, 특별히 돈을 생각하지 않고 정말 순수하게 좋아서 하는 부업도 좋다. 중요한 건 한 번뿐인 인생에서 내가 정말 하고 싶은 걸 하면서 사는 것이다.

현실적인 여러 가지 이유로, 어쩌면 젊었을 때는 많은 시행착오와 고생을 했을 수도 있고 조금 먼 길을 돌아갔을 수도 있다. 그럼에도 내면이 건강한 사람들은 결국 자기가 하고 싶은 걸 하면서 행복하게 살아간다. 자극적인 쾌락에 의존하지 않아도 온전한 나로서 일상의 행복을 느끼고 감사하는 삶을 사는 것이다. 현재 어디에 서 있든, 자신이 진정 원하는 방향으로 나아가고 있다면 내면이 건강하다는 증거일 것이다.

나르시시즘 아닌 건강한 자기애로
나를 사랑하는 법

자기애성 성격장애를 가지고 있는 나르시시스트가 사회 문제로 대두되면서 나르시시즘을 한국어로 번역한 '자기애'라는 단어가 종종 부정적인 의미로 쓰인다. 하지만 자기애 자체는 나쁜 게 아니다. 모든 인간에겐 기본적으로 자기애가 있다. 자기애란, 내가 살 만한 가치가 충분한 존재라는 느낌과 생각, 나 자신이 잘되길 바라는 마음과 같은 것이다. 만일 이런 마음이 전혀 없다면, 심각한 무기력증과 우울증에 빠져 아무것도 하지 못하거나 극단적인 경우 삶을 비관해 스스로 목숨을 끊을 것이다. 이처럼 생각이 치우친 극소수를 제외하고, 하루하루 무언가를 하면서 성실하게 살고 있는 사람들은 모두 다 자기애를 가지고 있다. 다만 정도의 차이가 있을 뿐이다.

자기애는 건강한 수준부터 병적인 수준까지 스펙트럼이 상당히 넓다. 사회적인 문제가 되는 것은 나르시시스트들의 병적인 나르시시즘이고, 건강한 자기애를 갖고 사는 건 바람직한 일이다. 그럼 건강한 자기애와 병적인 나르시시즘은 어떤 차이점이 있는지 알아보자.

1. 타인의 비판에 대한 태도

건강한 자기애를 가진 사람들은 자신의 단점이나 실수, 잘못을 인정하고 타인의 비판을 겸허히 수용하지만, 정신적 문제를 겪는 나르시시스트는 그러지 못한다. 자신의 잘못과 오류를 인정한다는 건 이들에겐 굉장한 수치심을 유발하기 때문에 절대로 할 수 없는 일이다.

2. 욕구에 대한 태도

건강한 자기애를 지닌 사람들은 자신의 욕구를 충족하기 위해서 기다릴 줄 안다. 그러나 병적인 나르시시즘을 지닌 사람들은 즉각적으로 욕구 충족이 되어야 만족한다. 예컨대 궁금한 게 생기면 상대가 지금 무슨 일을 하고 있는지 따위엔 전혀 신경 쓰지 않고 아무 때나 연락해서 상대의 사생활을 방해하는 무례를 범한다.

3. 타인과의 경계에 대한 태도

건강한 자기애를 지닌 사람들은 타인의 경계선을 존중하는 동시에 자신의 경계선도 존중한다. 반면 병적인 나르시시즘을 지닌 사람들은 '경계'라는 개념이 희박하다. 그래서 타인의 경계선을 함부로 침범하는 일이 잦다.

4. 공감 능력과 유머 감각

건강한 자기애를 지닌 사람들은 자아가 건강하고 마음의 여유가 있기 때문에 공감 능력이 좋고 유머를 구사할 줄 안다. 그러나 자아가 약하고 여유가 없는 나르시시스트들은 공감 능력과 유머 감각이 떨어진다.

5. 자기 자신을 받아들이는 태도

건강한 자기애를 가진 사람은 자기 자신을 있는 그대로 사랑하기 때문에 장단점을 모두 인정하고 받아들인다. 근거 없는 우월감에 도취되지 않고 단점이 있더라도 본인이 충분히 존중받으면서 살아갈 자격을 갖춘 존재라는 긍정적인 평가를 할 수 있다. 따라서 타인의 인정과 칭찬을 받으려고 지나치게 본인을 학대하지 않는다. 반면 병적인 나르시시즘을 가진 사람들은 언뜻 보면 자신을 매우 사랑하는 것처럼 보이지만, 실제로는 현실의 자신을 대신해 본인이 생각하는 이상적인 페르소나를 만든 뒤 자아도취에 빠져 있다. 이들의 내면 깊숙한 곳에는 여전히 열등감과 부적절감, 수치심 등이 가득하다. 이런 감정에서 도망가기 위해 이들은 겉으로는 자신을 과대 포장하는 동시에 항상 타인에게 인정과 칭찬을 받고자 미친 듯이 매달린다. 나르시시스트들은 겉으론 남들을 신경 안 쓰는 척하면서도 실상은 그와 정반대로 행동한다. 타인의 인정과 칭찬을 받지 못하면 자기 가치감이 바닥으로 추락하기 때문이다.

프랑스의 철학자인 장 자크 루소는 자신에 대한 사랑을 '자기 편애'와 '자기 사랑'으로 구분했다. 자기 편애는 자기만을 생각하고 위하는 이기적인 마음으로, 상대의 상황에는 전혀 관심을 두지 않고 오직 자기밖에 모르는 미성숙한 애착 본능이다. 한편 자기 사랑은 이성으로 이끌리고 연민을 갖춘 덕성으로써 자신도 위하면서 타인도 위하는 성숙한 사랑이다. 루소가 말한 자기 편애가 병적인 나르시시즘이라면, 자기 사랑은 건강한 자기애다.

그렇다면 우리는 어떻게 건강한 자기애를 함양할 수 있을까? 위에서 설명한 건강한 자기애와 병적인 나르시시즘의 차이점을 정리해보면 다음과 같다.

- 다양한 사회적 상황에 적절한 페르소나를 사용하는 건 바람직하므로 자신의 본모습을 있는 그대로 인정하고 수용할 수 있다.
- 사람은 누구나 불완전한 부분이 있음을 이해하고, 스스로 자기 자신이 충분히 존중받으면서 살아갈 자격을 갖춘 존재라는 긍정적인 평가를 한다.
- 자신의 단점이나 실수, 잘못을 인정하고 타인의 비판을 겸허히 수용한다.
- 자기 자신을 소중하고 특별하게 생각하는 만큼 다른 사람들도 소중하고 특별하게 생각한다.
- 타인의 인정과 칭찬을 받으려고 본인을 몰아붙이기보다는 스스로 인정할 수 있는 떳떳한 삶을 살아간다.
- 언제나 인간에 대한 연민을 갖고 나를 위하면서 타인도 위하는 사랑을 나눈다.
- 스스로가 존재 자체만으로 가치 있음을 믿고 자신을 사랑한다.

모든 항목이 중요하지만, 특히 마지막 항목을 조금 더 구체적으로 이야기해보자. 자칫 오해를 불러일으키기 쉬운 표현인 동시에 자기애에서 건강한 자존감으로 이어지는 초석이 되기 때문이다.

존재만으로 가치 있는 나를 사랑하는 법

"너는 존재 자체만으로도 소중해", "있는 그대로도 괜찮아"와 같은 표현은 한때 유행했던 힐링 에세이 책에서 많이 볼 수 있었다. 강한 현실주의자 중에는 저런 표현을 유독 싫어하는 경우도 많다. 마치 '아무것도 하지 않고 이대로 안주해도 괜찮다'라는 위선적인 위로처럼 들리기 때문일 것이다. 하지만 어떤 개인이 존재만으로 가치 있고 소중하다는 말은 단순히 돈벌이를 위한 가식적인 위로가 아니다.

나는 인류의 모든 조상에게 경이로움과 감사함을 자주 느낀다. 아무도 '지구 사용법'을 인류에게 전수해주지 않았지만, 600만 년 전부터 침팬지와 다른 진화의 길을 걷기 시작한 인간들은 문명을 건설한 지 불과 몇천 년 만에 지구 밖 우주로 나가는 방법까지 스스로 깨달아 기어코 실행에 옮겨냈다. 이 얼마나 놀라운 일인가! 진심으로 감탄이 절로 나온다.

만약 우주 전체를 관장하는 전능한 신이 존재한다면, 그 역시도 인류의 엄청난 잠재력과 실행력에 놀라지 않았을까.

우리는 모두 가슴속에 저마다 무한한 세계를 품고 있는 유일하고 특별한 존재다. 작은 우주에 비유되는 인간의 잠재력과 가능성은 결코 과장이 아니며, 그 누구도 섣불리 재단할 수 없다. 심지어 자기 자신도 마찬가지다. 집단주의와 주입식 교육에 가스라이팅 당해온 한국 사람들은 20대에 인생이 거의 결정된다고 생각할지도 모르지만, 사실 그렇지 않다. 40대, 50대, 60대, 70대가 되어서도 새로운 삶의 역사를 기록해나가는 사람들이 드물지 않다.

미국의 국민화가로 추앙받은 모지스 할머니(애나 메리 로버트슨 모지스Anna Mary Robertson Moses)는 가난한 농부 집안에서 태어나 인생 후반기까지 평범한 농부의 아내로 살았다. 그러다가 76세가 되었을 때 그림을 처음 그리기 시작해 101세까지 화가로서 제2의 인생을 살았다. 인생 말년에는 뉴욕의 유명 인사가 되었는데, 심지어 당시 미국 대통령이던 해리 트루먼의 초대를 받아 백악관에서 대통령과 회견까지 할 정도였다. 이처럼 인간의 엄청난 잠재력과 가능성을 고려할 때 '존재만으로 가치 있다'라는 표현은 결코 기만이나 위선이 아니다.

사람에게는 때론 위로와 격려도 필요하고, 현실을 직시할 수 있도록 돕는 따끔한 팩트 폭행도 필요하다. 그러니 달콤한 위로 혹은 불편한 진실 중에서 딱 하나만 선택해서 고수해야 한다는 이분법에 갇히지 않았으면 한다. 마음이 너무 힘들어서 죽을 것 같은 사람에게는 선의의 거짓말에 가까운 위로도 필요한 법이다. 그렇다고 위로에 중독되는 일은 없어야 한다. 평생 가능성의 상태에만 머물러서는 곤란하기 때문이다. 위로를 받으면서 마음의 근력을 어느 정도 키웠다면, 이제는 냉철하게 현실을 직시하고 앞으로 나아가야 할 시간이다. 자기 자신이 존재만으로 충분히 가치 있다는 믿음이 곧 건강한 자기애이며, 이는 자존감과도 직결된다. 사람은 온전한 자존감을 확립함으로써 주도적인 자기계발이 가능하며 더 나아가 진정으로 자기실현을 할 수 있다. 그러니 존재만으로 가치 있는 우리 안의 빛을 발견하고, 용기를 내어 한 걸음씩 앞으로 나아가자.

가짜 자존감과
진짜 자존감 구분하기

한때 우리나라에 열풍을 일으킨 '자존감'이라는 키워드에 이제는 다소 피로감을 느끼는 사람들도 있을 듯하다. 자존감은 아이큐 개념과 흡사해 보인다. 아이큐가 심리학에서 중요한 개념인 건 사실이지만, 그렇다고 해서 인간 지능의 모든 것을 설명하는 마스터키는 아니다. 마찬가지로 자존감도 인간의 정신 건강이나 성공의 핵심 지표는 아닐 것이다.

그럼 자존감을 소홀히 여겨도 되는 걸까? 그건 아니다. 자존감이 낮은 것보다는 건강한 자존감을 회복하는 것이 나에게 이롭다. 자존감이란 인생의 역경과 시련을 이겨낼 수 있게 도와주는 내면의 힘이자 의식의 면역 체계라고 할 수 있다. 삶의 숱한 고난 속에서도 끝까지 자신에 대한 믿음과 존중을 잃지 않을 수 있는 마음의 근력이 바로 '진짜 자존감'인 것이다.

자존감의 개념을 처음으로 대중에게 알렸으며, 자존감의 원리를 최초로 명확하게 규명한 미국의 심리학자 너새니얼 브랜든에 따르면, 자존감은 크게 자기 효능감과 자기 존중으로 구성된다.

자기 효능감은 스스로 뭔가를 도전하고 해낼 수 있는 자신감이다. '나 이거 해낼 수 있어!'라는 자신에 대한 믿음으로 주로 성취 경험, 성공 경험으로 향상된다. 자기 효능감이 낮을수록 새로운 것을 불편해하며 과거에 집착하는 반면, 자기 효능감이 높을수록 새로운 지식을 즐겁게 배우며 용기 있게 도전한다. 자기 효능감이 높은 사람들은 자신이 노력한 만큼 성공할 거라는 믿음이 강하기 때문이다.

자기 존중은 '나는 존재 자체만으로 행복을 누리고 존중받을 가치가 있다'라는 마음이다. 자신에게는 행복하게 살아갈 권리가 있다는 긍정적인 느낌과 자신의 가치에 대한 확신이다. 주로 어린 시절에 조건 없이 있는 그대로 받아들여졌던 경험으로 형성된다.

자존감이 낮은 사람들은 이 두 가지가 모두 결여됐거나 둘 중 하나가 결여된 상태다. 한국 사회에서는 많은 사람이 자존감을 자기 효능감의 측면에서만 바라보는 경향이 있다. 즉 성취와 성공 경험만이 자존감을 높이는 거의 유일한 방법이라고 믿는다. 하지만 우리는 자기 효능감과 자기 존중을 모두 높일 때 비로소 건강한 자존감을 얻을 수 있다.

의외로 자존감이 낮은 사람의 한 가지 특징

겉보기에 자신감은 넘쳐 보이지만 의외로 자존감이 낮은 사람의 한 가지 특징이 있다. 바로 자기 효능감은 높지만, 자기 존중의 뿌리가 매우 약하다는 점이다. 이런 사람들은 살면서 다양한 성취 경험을 쌓은 덕분에 새로운 도전을 하는 데 두려움이 별로 없고 늘 자신감이 넘쳐서 언뜻 보면 자존감이 높아 보이기도 하다. 하지만 이들은 존재만으로도 가치가 있다는 자기 존중이 약하다.

좋은 학벌을 얻고, 부를 쌓고, 외모를 바꾼다고 해서 근본적인 자존감을 키울 수는 없다. 물론 일시적으로 자신에 대한 만족감이나 안도감을 느낄 수는 있으나, 그것이 자존감은 아니다. 이렇게 하더라도 자존감을 이루는 두 개의 핵심 축 중 하나인 자기 존중은 여전히 낮기 때문이다. 결론적으로 자존감을 근본적으로 높이려면 두 가지 모두를 강화해야 한다. 그렇다면, 어떻게 자기 존중을 북돋을 수 있을까.

첫째, 자신의 가치를 낮추는 말과 행동은 하지 말아야 한다. 자기 외모나 능력을 스스로 폄하하는 식으로 자기비하에 거의 중독된 게 아닌가 싶은 사람들이 있다. 개그맨들처럼 웃기고 싶어서가 아니라 진심으로 자신의 가치를 낮추는 말과 행동을 하고 있다면 그것은 현재 사고 회로가 부정적인 방향으로 왜곡되어 있다는 것을 뜻한다. 이를 스스로 알아차려야 변화가 시작된다. 자기 성찰과 자기반성은 바람직하지만, 자신의 가치를 낮추는 말과 자기 파괴적인 행동은 반드시 삼가야 한다.

둘째, 자신을 부당하게 대하는 타인의 행동을 함부로 받아주지 말아야 한다. 대체로 타인은 겉모습만으로 나를 판단하는 경향이 있다. 상대가 약자의 위치에 있거나 겉보기에 만만해 보인다 싶으면 대번에 무례하고 부당하게 구는 소시오패스 기질이 유독 강한 사람들이 있다. 이런 사람들에게 휘둘려서는 안 된다. 무례하고 위선적인 사람들 앞에서는 단호하게 선을 긋고 대응할 줄 알아야 한다.

셋째, 스스로를 존중하는 말과 행동을 계속해야 한다. 자신을 존중한다는 것은 현실에서 자신의 책임을 다함을 의미하며, 이는 내면의 도덕성을 확립하여 지키는 것과도 같다. 단지 평판 관리를 위해서, 또는 도덕적 우월감을 느끼고 싶어서 입으로만 도덕을 논하는 사람이 아니라 아무도 나를 지켜보지 않더라도 언제나 스스로에게 떳떳하고 진실하게 살아가는 것, 이것이 자기 존중이다. 나 자신이 괜찮은 사람이라는 건강한 확신은 바로 이런 삶의 태도에서 비롯된다.

'나는 좋은 사람이다'라는 자기개념이 내 무의식에 각인되기 위해서는 일상생활에서 쓸데없이 죄책감이나 죄의식을 느끼지 않아야 한다. 브랜든도 《자존감의 여섯 기둥》에서 자신이 내린 도덕적 선택에 만족하는지 스스로 묻는 것이 자존감을 쉽고 편하게 진단하는 방법이라고 말했다. 단순히 남들 앞에서만 착한 척하라는 게 아니다. 웬만하면 내 양심을 거스르는 행동을 하지 말아야 한다. 남 보란 듯이 사는 것도 좋지만, 우선 자기 자신에게 떳떳할 수 있을 때 비로소 내면 깊숙한 곳에서 스스로를 존중하는 힘이 생긴다.

진짜 자존감을 지닌 사람들의 8가지 마인드

자존감은 내가 승승장구할 때 남들에게 위세를 부리려고 필요한 게 아니다. 자존감의 진정한 쓸모는 인생의 역경을 이겨나가는 데 있다. 남들의 평가와 상황에 따라 불안정하게 흔들리는 가짜 자존감이 아닌, 안정적이고 단단한 '진짜 자존감'을 지닌 사람의 여덟 가지 마인드는 다음과 같다.

1. 주관은 뚜렷하되 사고가 유연하다

자존감이 높은 사람은 자신만의 주관이 뚜렷하다. 하지만 본인이 항상 옳다는 식의 아집에 빠지지 않으며, 자신도 때론 틀릴 수 있음을 안다. 스스로 옳다고 믿을 때 자기주장을 확실히 펼치지만, 반대로 틀렸음을 깨달았을 땐 겸허히 인정하고 사과할 줄도 안다. 사고가 유연하고, 마음의 그릇이 크기 때문이다.

2. 타인의 판단에 삶이 휘둘리지 않는다

남들의 인정을 받고 칭찬을 받으면 누구나 기분이 좋아진다. 반대로 누가 나를 비판하거나 거절하면 기분이 좋지 않은 것도 인지상정이다. 그렇다고 해서 타인의 판단과 평가에 지나치게 일희일비하는 태도는 자기 삶의 주도권을 타인에게 맡기는 것과 다를 바 없다. 건강한 자존감을 지닌 사람들은 스스로가 삶의 주인이 되어 인생을 경영하기에 누구나 판단할 자유가 있음을 인정하지만, 본인을 향한 타인의 판단에 휘둘리진 않는다.

3. 부정적인 정서를 억압하지 않는다

마치 부정적인 마음이 전혀 존재하지 않는 것처럼 늘 밝아 보이는 사람들이 있다. 하지만 이들은 내면이 강한 게 아니라 부정적인 감정을 강하게 억압하는 방어기제를 사용하고 있을 가능성이 크다. 안정적이면서도 높은 자존감을 지닌 사람들은 이를 애써 무시하면서 억지로 밝고 긍정적인 척하지 않는다. 오히려 모든 감정을 기꺼이 느끼며 감정을 잘 활용해 합리적인 의사결정을 내린다.

4. 도덕성이 높다

자존감이 높은 사람은 스스로가 괜찮은 사람, 가치 있는 사람이라는 자기 인식이 있는데, 이들의 긍정적인 자기 인식은 건강한 도덕성에서 비롯된다. 단순히 남들과 비교하면서 도덕적 우월감을 느끼는 게 아니다. 자존감이 높으면 누가 자신을 지켜보지 않더라도 스스로에게 항상 떳떳하게 살아가기 때문이다.

5. 자신에게 자비를 베풀 줄 안다

자기 성찰을 넘어 가혹하게 자책하며 우울해하는 것, 그리고 반대로 자기 긍정을 넘어 지나친 자기합리화를 하는 것 모두 균형을 잃은 건강하지 못한 상태다. 자존감이 높은 사람들은 이 균형을 비교적 잘 잡는 편이다. 즉 이들은 자기 성찰을 하되 자기 자비를 베풀 줄 안다.

6. 회복탄력성이 높다

회복탄력성resilience이란, 마치 탄성력이 좋은 용수철처럼 삶의 시련을 도약의 발판으로 삼아 더욱 높이 뛰어오르는 마음의 근력이다. 자존감이 높아도 실패했을 때는 누구나 좌절감을 느낀다. 또한 인간이라면 누구나 상처를 받을 수밖에 없다. 다만 자존감이 높을수록 회복탄력성도 높기 때문에 상처에서 빠르게 회복한다. 심지어 이들은 삶의 나락으로 떨어진 비참한 순간에도 희망을 놓지 않는다. 자신에 대한 믿음을 붙잡고 기어코 다시 일어선다.

7. 자신만의 문화 활동을 즐긴다

건강한 자존감을 지닌 사람들은 본업과 상관없이 삶의 활력을 얻을 수 있는 자신만의 문화 활동을 즐긴다. 영화를 보거나 전시회에 가는 것부터 시작해 작곡이나 악기 연주, 댄스, 글쓰기 등 직접 참여하고 창작하는 활동을 한다. 이런 활동으로 본업에서 느낄 수 없는 색다른 성취감을 느끼고 긍정적인 에너지를 얻는 것이다.

8. 자존감에 집착하지 않는다

책을 쓰는 작가나 심리 치료 혹은 코칭을 업으로 삼은 게 아닌 이상, 자존감이 높은 사람은 자존감에 집착하지 않는다. 입버릇처럼 자존감이 높다며 본인을 어필하는 사람들은 되레 자존감이 낮을 가능성이 크다. 본인이 자존감에 대한 결핍감과 불안감을 항상 느끼고 있기 때문에 무의식적으로 하는 행동인 것이다. 그러나 내 삶이 진정 행복하고 만족스럽다면 인간이 만들어낸 특정 개념들로 나를 설명할 필요가 없다. 진짜 자존감을 지닌 사람들은 자존감에 신경 쓰지 않는 척하는 게 아니라 정말 무심해지는 경향이 있다. 건강한 자존감을 지니고 살아가는 매 순간이 그저 숨을 쉬듯이 자연스러운 일이기 때문이다. 이들은 그보다는 즐거움과 의미를 찾으며 성장하는 삶을 살아간다.

내면의 정원을
스스로 가꾸는 사람

중·고등학생 시절에는 있는 그대로 세상과 타인을 본다고 생각했던 것 같다. 선입견과 편견을 이토록 싫어하는 나라면, 편견 없이 객관적으로 외부 세계를 보고 있을 것이라고 믿었다. 그러나 이는 순진한 착각에 불과했다. 사람은 누구나 자신만의 프레임으로 세상을 바라보고 해석한다. 니체는《아침놀》에서 대부분의 사람은 사물이나 상황 그 자체를 보지 않으며, 그것에 사로잡힌 자신의 생각이나 집착, 고집, 감정 또는 머릿속에 멋대로 떠올린 상상을 본다고 말했다. 그 누구도 있는 그대로의 세상을 볼 수 없다 보니, 같은 사물, 같은 사람, 같은 상황을 보더라도 저마다 다르게 느끼고 해석할 수밖에 없는 것이다.

그래서 각자가 품고 있는 내면의 풍경은 판이하다. 거센

비가 내리듯 나의 내면이 울고 있을 때는 하늘 위의 달마저 슬퍼 보인다. 반대로 내 가슴에 행복이 넘칠 때는 세상도 환하게 웃는 것만 같다. '모든 것은 마음이 지어낸다'라는 뜻의 일체유심조一切唯心造가 이를 잘 설명한다. 같은 현상을 동시에 보더라도 누구는 긍정적으로 해석하지만, 누구는 부정적으로 해석한다. 마음이 평온한 사람은 안개가 잔뜩 낀 날에도 운치를 감상하는 여유가 있는 반면, 마음이 괴로운 사람은 구름 한 점 없이 맑은 날의 햇살 아래에서도 불평을 늘어놓는다.

우리가 보고 해석하는 타인과 세상에 관한 이야기는 어쩌면 내면에서 비롯된 자기소개일 수 있다. 예를 들어 성性에 관한 관심과 에너지가 넘치는 청년들에게는 세상 만물이 성적 농담의 대상으로 보인다. 어떤 과자를 먹으면서 그 모양이 여성 성기로 보인다며 낄낄댄다. 실제로는 아무 문제가 없는데 그걸 바라보는 사람의 내면에 음란한 마음이 자리한 것이다.

비슷한 예로 사우스캐롤라이나대학교에서 행한 연구 결과에 따르면, 연인을 이유 없이 의심하는 사람들은 실제로 본인이 다른 이성에게 끌렸던 경험이 훨씬 많았다고 한다. 즉 다른 이성에게 한눈을 자주 파는 사람들일수록 연인을 더 많이 의심한다는 것. 이를 자신의 결점과 부끄러운 행동을 오히려 상대에게 뒤집어씌우는 투사 방어기제라고 한다. "남자는 전부 바람둥이야. 다만 걸리는 사람과 걸리지 않는 사람이 있을 뿐이지"라고 말하는 사람은 어쩌면 본인이 바람둥이임을 고백하는 것일지도 모른다.

드넓은 세상에서 우리는 지극히 좁은 자신만의 시야로 관심 있는 대상만을 바라보며 그것이 현실이라고 굳게 믿는다. 그렇기 때문에 나의 현실은 나의 내면이 투영된 것이며, 세상은 내 마음을 비추는 거울인 것이다. 내면에 불안이 가득한 사람 앞에는 실제로 불안한 현실이 나타난다. 누굴 만나든 불안감을 감출 수 없고, 어떤 좋은 기회가 오더라도 불안감 때문에 일을 그르치기 십상이다. 이런 식으로 내가 통제할 수 없는 상황이 계속 발생하다 보면 점점 더 안절부절못하는 악순환에 빠진다. '끌어당김의 법칙'과 같은 신비주의적인 설명을 덧붙이지 않더라도, '나의 현실은 나의 내면의 투영'이라는 말을 논리적으로 이해할 수 있다.

지금의 현실을 긍정적인 방향으로 변화시키고 싶은가? 그럼 내면부터 새롭게 가꾸어야 한다. 불만족스러운 현실의 원인을 외부에서 찾으려 하지 말고, 안에서 찾아야 한다는 뜻이다. '난 왜 이렇게 부족할까?' 하고 밑도 끝도 없이 스스로를 비난하라는 게 아니라, 내 현실을 직접 책임지고 창조해나가겠다는 각오를 해야 한다.

아울러 나에게 부정적인 영향을 주는 사람들을 가급적 멀리해야 한다. 사회적 동물인 인간은 다른 사람들과 끊임없이 상호작용하며 살아간다. 어느 날 카페에서 우연히 마주친 낯선 사람의 액세서리가 마음에 들어서 나중에 무의식적으로 충동구매를 할 수도 있는 게 사람 심리다. 대상이 누가 됐든 상관없이 서로 어떤 식으로든 영향을 주고받는 게 바로 호모 사피엔스의 특징이다. 따라서 내 곁에 가까이 있는 사람들이 누구인지는 인생에서 무척 중요한 문제다.

여기서 말하는 부정적인 사람이란 단순히 회의주의자나 염세주의자를 뜻하는 게 아니다. 나의 소중한 생체 에너지를 빨아먹는 것이 유일한 생존 전략인 사람, 소위 '에너지 흡혈귀'를 말한다. 하지만 그런 사람들을 구태여 싫어하고 미워하진 않았으면 한다. 왜냐하면 누군가를 싫어하는 것도 엄연히 에너지를 소모하는 일이며, 심하면 현실에서 그를 다시 불러내는 불상사가 벌어지기 때문이다.

혹시 이런 경험이 한 번쯤은 있지 않은가? 내가 싫어하는 어떤 사람을 이상하게 현실에서 자주 마주쳤던 경험. 주변 지인들이 그의 이름을 언급하는 경우가 자주 생긴다거나,

아니면 원수와 외나무다리에서 만나듯이 실제로 그를 직접 만나게 되기도 한다. 이것이 마음과 현실 세계가 이어져 있다는 융의 '동시성 현상synchronicity'인지, 아니면 '끌어당김의 법칙'의 부정적인 효과인지는 모르겠지만, 나도 그런 경험이 있었다. 그때 깨달았다. 현실에서 두 번 다시 안 보고 싶은 사람이 있다면, 그에게는 나의 어떤 감정도 내어줘서는 안 된다는 것을. 그러니 미워하는 것도 안 된다. 철저한 무관심만이 답이다. 내 삶을 좀먹는 부정적인 존재에 대해서는 소중한 에너지를 할애하지 않기를.

나의 내면이 반영된 현실에서 결국 삶의 해답은 외부가 아닌 내 안에 존재한다. 만일 온 세상이 어둡게 보인다면 내가 선글라스를 쓰고 있는 것은 아닌지 지혜롭게 판단할 수 있어야 한다. 이따금 바깥세상이 슬퍼 보일 때는 애먼 달이나 별을 탓하기보다는 내면의 정원을 돌아보며 정성껏 가꾸는 것이 좋다. 긍정형의 메시지와 좋은 습관으로 내면을 채워나가자. 처음에는 조금 낯설겠지만, 꾸준히 노력하다 보면 긍정적 기운이 충만해지고, 어느새 나의 현실도 더 아름다워질 것이다.

진짜는
증명하지 않는다

　　마블 시네마틱 유니버스 최초의 여성 히어로로 영화 〈캡틴 마블〉은 관객들의 뇌리에 명대사 한 문장을 각인시키는 데 확실히 성공했다. 영화 후반부에서 주인공 캐럴 댄버스는 비로소 자신이 누구인지 알게 되면서 더 이상 그 무엇도 두려울 게 없는 무한한 잠재력을 지닌 '캡틴 마블'로 각성한다. 그녀의 상관인 욘-로그는 모든 걸 내려놓고 승부를 펼치자며, 그녀가 얼마나 성장했는지를 증명해보라고 한껏 도발한다. 그러나 캡틴 마블은 에너지 블라스트를 욘-로그에게 날리면서 짧지만 강렬한 한마디를 남기고는 상황을 마무리 짓는다.

　　"난 너한테 증명할 게 없어."

감히 증명을 운운하는 무례한 상대를 완벽하게 압도하면서 '너한테는 증명할 게 없다'라고 말할 수 있는 당당한 태도가 인상 깊었다. 그녀의 말은 궁색한 변명이 아니었다. 더이상 스스로에 대한 의구심이나 결핍이 조금도 없는, 진정한 자기 확신을 가진 사람으로 거듭난 것이다.

우리는 삶에서 끊임없이 사회와 타인으로부터 가치를 입증할 것을 요구받는다. 원하는 학교에 다닐 자격과 능력이 있는지, 졸업해도 될 만큼 그동안 공부를 열심히 했는지 보여줘야 한다. 내가 원하는 무언가를 손에 넣기 위해서는 그것을 가질 만한 자격이 나에게 있음을 증명해야 하는 것이다. 행운으로 거저 얻은 극히 예외적인 사례를 제외하고 세상에 공짜는 없다.

'살기 위해서' 타인의 인정과 승인을 갈구하는 게 이해는 되면서도, 한편으로는 언제까지 그렇게 살아야 하나 싶다. 따라서 이런 생각을 한번 해봤으면 좋겠다. 나를 증명해야만 하는 절박한 상황이 정말 맞는 걸까? 지금의 내가 과연 그렇게 부족한 존재일까? 나는 그들이 정한 프레임 안으로 들어가길 원하고 있는가? 나에게 증명을 운운하는 사람들에게 역으로 증명을 요구할 자격이 내겐 없을까?

어쩌면 우리는 필요 이상으로 자신을 증명하느라 괜한 힘을 빼고 있는지도 모른다. 이제부터는 내가 진정으로 원하는 게 무엇이며, 내가 가진 능력과 잠재력이 무엇인지를 객관적으로 파악해야 한다. 프랑스의 철학자 자크 라캉의 말대로, 우리는 자신의 진정한 욕망이 무엇인지도 모른 채 별생각 없이 타인의 욕망을 욕망하며 살고 있을 가능성이 크다. 인간은 의외로 자신에 대해 잘 모른다. 모르면서도 뭘 모르는지조차 모르는 데다, 심지어 스스로에 대해 잘 안다고 단단히 착각하며 살아간다. 그렇기에 자신과 충분한 대화를 나누는 것이 중요하다.

'진짜는 증명하지 않는다'라는 말의 진정한 의미

혹시 자기 자신에게 다음과 같은 질문을 해본 적이 있는가. 없다면 지금 한번 생각해보자.

"내 안의 핵심적인 결핍은 무엇인가?"

"나는 어떤 삶을 살고 싶은 존재인가?"

"어딘가에 소속됐다는 것으로 나를 규정하지 않고서도 나는 온전한 '진짜'인가?"

언제부턴가 자존감과 같은 키워드가 유행하고 있지만, 현실을 대하는 우리의 방식은 이전과 크게 달라진 게 없는 것 같다. 전통적인 집단주의 문화에 맞서 개인의 주체성을 강조하는 개념과 신조어는 매년 생겨나고 있으나, 정작 우리는 세상이 정한 프레임으로 들어가기 위해 변함없이 고군분투하고 있으니 말이다. 외부 세계와 나, 둘 사이에서 아무래도 모두가 균형을 잃은 것만 같다.

겉으로는 세상의 가치에 얽매이지 않고 타인의 평가에 초연한 듯이 굴면서, 실제로는 외부 성취를 통해 타인의 인정을 받기 위해 살아가는 사람들이 많다. 이처럼 타인 앞에서 스스로를 증명해야 한다는 강박이 심한 사람들은 외적인 성과와 자신의 존재 가치를 동일시한다. 이들은 있는 그대로의 존재로서는 존중받을 자격이 충분하다는 사실을 믿지 못하기에 오로지 경쟁에서 승리해야만 자기 존재를 긍정할 수 있다고 믿는다. 내가 하는 일의 가치가 곧 나의 존재 가치라는 믿음이 강한 탓에 일을 하지 않으면 아무런 쓸모가 없는 무가치한 존재라고 여긴다. 그렇기에 남들 앞에서는 항상 밝고 당당하게 행동하려고 애쓰지만, 아무도 없는 집에 혼자 있을 때는 이유 없이 의기소침해진다. 자신감은 상당히 높으나 그만큼 존재에 대한 불안감과 공허감도 심하다. 이처럼 자격지심과 불안감이 심할수록 자신의 존재 가치를 남들에게 증명받기 위해서 집착하는 모습을 보인다.

그래서 이들은 혼자 잘 쉬지도 못하다. 아무것도 안 하고 쉬는 시간은 자신의 존재가 사라지는 시간처럼 느껴지기 때문이다. 쉬면서 에너지를 충전하기는커녕 너무 불안해서 안절부절못한다. 게다가 언제나 완벽하게 열정 넘치고 건강해 보여야만 한다는 강박 때문에 부정적인 감정은 애써 외면한다. 이런 방어기제 때문에 이들은 평소에 자기 감정에 대해 제대로 알지 못한 채 스스로를 냉철하고 이성적인 사람이라고 착각하기도 한다.

미국의 심리학자 너새니얼 브랜든은 《자존감의 여섯 기둥》에서 자존감이 낮은 사람일수록 자신을 증명하려는 욕구나 기계적이고 무의식적으로 살면서 자신을 망각하려는 욕구가 더 절박하다고 말했다. 반면 자존감이 높은 사람들은 자신의 풍요로운 내면세계의 감각을 반영해 자신을 표현하고 싶은 충동을 더 강하게 느낀다고 한다. '잘 사는 나'를 남들에게 인정받고 싶어서 겉으로만 행복과 평온을 연출할수록 내면세계에는 공허감과 불편감이 쌓여간다. 이에 대해 스페인 사상가 발타자르 그라시안은 이렇게 조언한다. "우리는 오직 자기 자신에게만 의존해야 한다. 최고의 행복은 스스로 신처럼 자족하며 살아갈 때 비로소 얻을 수 있다."

인정에 대한 과도한 집착은 도리어 자신을 해칠 수 있음을 명심해야 한다. 물론 바깥세상에 나가 싸워볼 용기가 없어서 비겁한 변명만 늘어놓는 삶은 별로 멋이 없다. 그렇지만 반대로 남들에게 나를 증명하기 위해 아등바등하다가 결국 자기 자신을 잃은 채 생을 마감하는 것도 참 애석한 일이다. 이러지도 저러지도 못한 채 균형을 잃은 우리에게는 상대를 압도하면서도 "난 너한테 증명할 게 없어"라고 나직이 말할 수 있는 자존감이 필요한 게 아닐까.

타인에게 스스로를 증명하느라 애쓰기보다는 내면의 풍요로운 감각을 자유롭게 표현하는 '진짜'의 삶을 살았으면 좋겠다. 이것은 이기적인 삶도 아니고, 타인을 위해 희생만 하는 거친 삶도 아니다. 내 안의 잠재력을 실현함으로써 타인과 사회에 기여하는 동시에 나에게도 각별한 의미가 있는, 진정으로 가치 있는 인생이다. 진짜는 존재만으로 이미 온전하기에 삶이 충만하다. 진짜는 증명할 필요가 없다.

하루하루를
마지막 날인 것처럼

작업을 하기 위해 동네 스타벅스에 가서 맥북을 앞에 두고 아이스 라테를 마시며 생각에 잠긴다. 언제가 될지는 모르지만, 우리 모두가 언젠가 반드시 마주하게 될 죽음이라는 운명에 대하여. 안온한 마음 상태에서 내 마지막 모습이 어떨지 머릿속에 그려보는 것인데, 일상의 소중함을 되새기고 감사하는 마음으로 여생을 살고자 하는 나만의 '리추얼ritual'이다.

나는 죽음에 대해 진지하게 생각할 때에도 두려움이나 공포 같은 감정은 들지 않는다. 오히려 죽음을 생각하다 보면 내 온몸의 감각들이 살아나기라도 하듯, 나의 가능성을 더 탐구하고 넓힐 수 있을 것만 같은 해방감과 더불어 앞으로 남은 삶을 더욱 의미 있게 보내고 싶은 의지가 샘솟는다.

지금보다 더 어린 시절 우울증을 앓았을 때도 죽음에 대해 생각하곤 했다. 다만 그때는 고통스러운 하루가 또다시 돌아오는 게 무섭고, 이렇게 사는 게 싫어서 죽음을 생각했다는 점이 지금과는 달랐다. 차마 죽을 용기도 없었으면서 고통 없이 세상에서 사라지고 싶다는 생각을 하던 시절의 이야기다.

세월이 흘러 마음의 건강을 회복한 지금은 그때와는 다른 각도에서 죽음을 바라보고 있다. 이제 나는 삶의 감사함을 잊지 않고자 늘 죽음에 대해 생각한다. 오늘 쓴 원고가 내 유작이 될 수도 있다고 생각하면 일분일초가 더 소중히 느껴진다. 죽음을 생각하는 것만으로도 삶을 대하는 태도에 긍정적인 감정이 더해진다. 덕분에 지금 내가 해야 할 것들을 분명하게 바라보고 담대하게 행동할 수 있다.

어렸을 땐 죽음이라고 하면, 단순히 내 장례식에 올 조문객 수를 걱정하며 사후의 명예를 드높이기 위해 이름을 세상에 남기려는 허영심이 거의 전부였다지만 이젠 생각이 달라졌다. 죽고 난 후의 상황을 생각하기보다는 지금, 여기의 삶에 전념해보기로 한 것이다. 죽음을 생각한다는 건 '화무십일홍'이라는 글자를 가슴에 아로새기고 살아간다는 의미와 비슷하다. 제아무리 날고 기는 인간이라 할지라도 죽음이라는 한계를 넘어설 수는 없다. 죽음 앞에서 사람이 겸손해지는 건 단순한 예의나 미덕이 아니라 지극히 자연스러운 태도다.

심리학 연구에 따르면, 인간은 자신의 죽음을 심각하게 생각할 때 '선한 존재'가 된다고 한다. 죽음이 주는 엄청난 공포를 극복하기 위한 하나의 방편으로 사회의 착한 구성원으로 인정받아 상징적으로나마 불멸을 경험하고자 한다는 것이다. 그래서일까. 언제부턴가 내가 살면서 받은 은혜를 세상에 보답하고 떠나야 한다는 믿음 같은 게 생겼다. 오늘이 정말 내 생애 마지막 날이라는 상상을 할 때마다 현재 내 곁에 있는 소중한 사람들에게 좋은 사람으로 기억되고 싶어진다. 마음의 그릇이 갑자기 넓어지기라도 한 것처럼 새삼 모든 게 소중하고 감사해서 더는 용서하지 못할 사람도 없고, 걱정할 일도 사라지는 것만 같은 기분이 든다.

"하루하루가 마지막 날인 것처럼 살아라." 약 2000년 전, 로마제국의 황제였던 마르쿠스 아우렐리우스가《명상록》에 남긴 이 말은, 21세기를 살아가는 우리에게도 여전히 유효한 명언이다. 30대가 된 후로 나에게 남은 시간이 얼마나 될지 생각해보곤 한다. 사람의 인생이란 한 치 앞을 내다볼 수가 없어서 일반적인 기대 수명과 무관하게 어제까지 건강했던 젊은 청년이 하룻밤 사이에 돌연 세상을 떠날 수도 있다. 우리는 모두 태어난 순간부터 한시도 쉬지 않고 죽음이라는 종착역을 향해 부지런히 가는 중이다. 언제 당도할지는 모르지만 죽음에 대해 의식함으로써 나에게 남은 시간을 더욱 소중하게 대하리라 다짐한다. 이 귀한 삶이 혹여 나의 부주의로 인해 흠집 나지 않도록 오지 않은 미래를 걱정하느라 힘을 빼는 대신 운명을 사랑하고, 삶에 늘 감사하는 마음으로 살아가리라.

보여주기식 인생을 뛰어넘는 태도

더는 나를 증명하지 않기로 했다

1판 1쇄 발행 2023년 7월 5일
1판 2쇄 발행 2023년 10월 11일

지은이 장서우
펴낸이 고병욱

기획편집실장 윤현주 **책임편집** 유나경 **기획편집** 조은서
마케팅 이일권 함석영 복다은 임지현
디자인 공희 진미나 백은주
제작 김기창 **관리** 주동은 **총무** 노재경 송민진

펴낸곳 청림출판(주)
등록 제1989-000026호

본사 06048 서울시 강남구 도산대로 38길 11 청림출판(주) (논현동 63)
제2사옥 10881 경기도 파주시 회동길 173 청림아트스페이스 (문발동 518-6)
전화 02-546-4341 **팩스** 02-546-8053
홈페이지 www.chungrim.com
이메일 cr1@chungrim.com
블로그 blog.naver.com/chungrimpub
페이스북 www.facebook.com/chungrimpub

ISBN 978-89-352-1422-8 (03320)